APRENDA

inglés

SIN MAESTRO

Isabel Baker

PEQUEÑA
ENCICLOPEDIA
DEL HOGAR

editores mexicanos unidos, s.a.

© EDITORES MEXICANOS UNIDOS, S.A.
Luis González Obregón 5-B
C.P. 06020 TELS. 521-88-70 al 74
Fax. 512-85-16
Miembro de la Cámara Nacional de
la Industria Editorial. Reg. Núm. 115

La presentación y composición tipográficas,
son propiedad de los editores.

ISBN: 968-15-0837-8

9a. Edición Septiembre 1998

IMPRESO EN MEXICO
PRINTED IN MEXICO

Edición 2,000 ejemplares
SEPTIEMBRE 1998.
IMPRESOS RODAS
Comonfort No. 48 Local 45
Col. Centro

A ei	**B** bi	**C** si	**D** di
E i	**F** ef	**G** yi	**H** eich
I ai	**J** ye	**K** ke	**L** el
M em	**N** en	**O** o	**P** pi
Q kiu	**R** ar	**S** es	**T** ti
U iu	**V** vi	**W** dobliu	**X** exs
	Y uay	**Z** zed	

PRONOMBRES PERSONALES

Yo	I	(ai)
tu	you	(iu)
el	he	(jí)
ella	she	(shi)
cosa o animal	it	(ít)
nosotros	we	(ui)
ellos		
ellas	they	(dei)
ustedes	you	(iu)

Nota gramatical: Observe que en inglés YOU puede indicar, según el caso: usted, tu, ustedes. Representa a dos pronombres del idioma español.

VERBO TO BE (SER)
Conjugación:

● **I am a doctor**
  Yo soy doctor

● **You are a doctor**
  Tú eres doctor

● **We are doctors**
  Nosotros somos doctores

● **They are doctors**
  Ellas son doctoras
  Ellos son doctores

● **I am your nurse**
  Yo soy su enfermera
  (aím iur nérs)

I am	yo soy	(aí ám)
You are	tú eres, usted es, ustedes son	(íu ár)
We are	nosotros somos, nosotras somos	(ui ár)
They are	ellos, ellos son	(dei ár)

Nota: THEY, en inglés se usa para el pronombre de ellos, y ellas. Según a quienes se refiera se traducirá en femenino o masculino plural.

- **He is**   él es   *(jí is)*
- **She is**   ella es   *(shi is)*
- **It is**   es (cosa o animal)   *(ít is)*

He is a doctor   él es doctor   *(jí is a dóktor)*
She is a doctor   ella es doctora   *(shí is a dóktor)*
It is a cat   es un gato   *(ít is a kát)*
It is a door   es una puerta   *(ít is a dór)*

Observe: *Nota gramatical:* con *he, she, it* (las 3as. personas) se usa *Is*. El verbo to be se traduce como *Is*.

Orden de la oración

Sujeto	Verbo	Complemento
I	am	a doctor
He	is	a doctor
She	is	a doctor
It	is	a cat
We	are	doctors
You	are	doctors
They	are	doctors

Nota   Con We, You, They, la forma del verbo to be es: Are.

- **They are surprised**
  Ellos están sorprendidos
  (dei ar sórprais)

6

VERBO TO BE (SER) TIEMPO PRESENTE

Con: **he, she, it**

- **He is a lawyer**
  (ji is a lóyer)
  El es abogado

- **She is a nurse**
  (shí is a nérs)
  Ella es enfermera

- **It is a cat**
  (ít is a kat)
  Es un gato

- **Peter is an executive**
  (píter is an eksékiutiv)
  Pedro es un ejecutivo

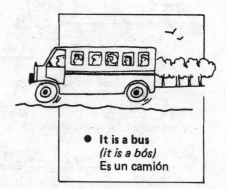

- **It is a bus**
  (it is a bós)
  Es un camión

VERBO TO BE

I am	Yo soy	*(ai am)*
You are	Tu eres, usted es	*(iu ár)*
He is	El es	*(jí is)*
She is	Ella es	*(shí is)*
It is	Es (cosa o animal)	*(ít is)*
We are	Nosotros somos	*(ui ár)*
You are	Ustedes son	*(iu ár)*
They are	Ellos son	
	Ellas son	*(dei ár)*

VERBO TO BE (TIEMPO PRESENTE) (SER)

- **They are miners**
  (dey ar máiners)
  Ellos son mineros

- **We are doctors**
  (güi ar dóctors)
  Nosotros somos doctores

- **You are carpenters**
  (iu ar cárpenters)
  Ustedes son carpinteros

- **My father and I are doctors**
  (mái fáder and ái ar dóctors)
  Mi padre y yo somos doctores

7

- **We are clerks**
  Somos empleados
  (ui ár clérks)

Substitución de sustantivos por pronombres:

Alice is my daughter:
(Alicia es mi hija) ⟶

She is my daughter
(ella es mi hija)

Juan and Pedro are:
(Juan y Pedro son) ⟶

They are
(Ellos son)

Pedro is my son:
(Pedro es mi hijo) ⟶

He is my son
(El es mi hijo)

VERB TO BE
ARTICULOS A–AN

- **He is an engineer**
  (ji is an ínyinier)
  El es ingeniero

- **She is an actress**
  (shí is an áctres)
  Ella es actriz

- **It is a house**
  (it is a jáus)
  Es una casa

- **She is a young girl**
  Ella es una muchacha jovencita
  (shís a yoún gerl)

ARTICULO INDEFINIDO A–AN

Se traduce, según el caso, como: un, una, unos, unas.
Como observará, en inglés se usa más que en español. Ej.:

- *Mary is **a** clerk – Mary es empleada*
  *Delante de vocal se usa AN = He is **an** engineer.*

AFIRMACIONES CON EL VERBO TO BE, USANDO CONTRACCIONES

- **I'm a good teacher**
  (áim a gud tícher)
  Soy un buen maestro

- **You're good carpenters**
  (iur gud cárpenters)
  Ustedes son buenos carpinteros

- **We're doctors**
  (guíer dóktors)
  Nosotros somos doctores

- **They're executives**
  (déir eksékiutivs)
  Ellos son ejecutivos

- **She's the cooker**
  (shís de kúker)
  Ella es la cocinera

- **It's a good horse**
  (íts a gud jórs)
  Es un buen caballo

- **He's the boss**
  (jís de bós)
  El es el jefe

- **She's the seamstress**
  Ella es la costurera
  (shí is de símstres)

Nota gramatical: Las contracciones son definitivamente   forma más usada en inglés hablado. Practíquelas mucho.

I am	I'm	*(aím)*
You are	You're	*(íur)*
He is	He's	*(jís)*
She is	She's	*(shís)*
It is	It's	*(íts)*
We are	We're	*(guíer)*
We are	We're	*(guíer)*
You are	You're	*(íur)*
They are	They're	*(déir)*

9

Observe el uso del verbo To Be tanto para el verbo SER como para ESTAR = Yo soy secretaría
*   Yo estoy en Veracruz*
En el idioma hablado se usan las contracciones por comodidad y rapidez. Practique mucho esta forma porque es la más usada cuando se habla.

- I'm a secretary
  (áim a sékretari)
  Yo soy secretaria

- I'm in Veracruz
  (áim in veracruz)
  Yo estoy en Veracruz

- He's a bus driver
  (jis a bos dráiver)
  El es chofer de camión

- He's in Los Angeles
  (jís in los ányeles)
  El está en Los Angeles

- She's a typist
  (shís a táipist)
  Ella es mecanógrafa

- She's in the office
  (shís in de ófis)
  Ella está en la oficina

- I'm your ghost
  (áim iur góust)
  Yo soy tu fantasma

VERBO TO BE (SER O ESTAR)

Hasta ahora hemos el verbo To Be como el verbo español SER. Aquí encontrará ejemplos con su otro uso: como el verbo ESTAR. Así, según lo que se diga se traduce como SER o ESTAR.

<u>Orden de la oración:</u>

Sujeto	verbo	complemento
I	am	a secretary
I	am	in Veracruz

10

- **I am a secretary**
  (ái am a sécretari)
  Yo soy secretaria

- **I am in Veracruz**
  (ái am in vercrus))
  Yo estoy en Veracruz

- **He is a bus driver**
  (ji is a bos dráiver)
  El es chofer de camión

- **He is in Los Angeles**
  (ji is in los ányeles)
  El está en Los Angeles

- **I'm at the frontier**
  (aím at de frontir)
  Estoy en la frontera

FORMA NEGATIVA VERBO TO BE
USANDO CONTRACCIONES

En el inglés hablado se usan siempre para simplificar, las contracciones.
Así en vez de decir dos palabras, se dice sólo una. Aprenda las formas:

I'm not (I am not)
You aren't (you are not)
He isn't (he is not)
She isn't (she is not)
It isn't (it is not)
We aren't (we are not)
You aren't (you are not)
They aren't (they are not)

- **It isn't a bistec**
  No es un bistec
  (ít ísnt a bístek)

VERBO TO BE. NEGANDO

- **I am not a doctor**
  (ái am not a dóktor)
  Yo no soy doctor

- **He is not a lawyer**
  (ji is not a lóyer)
  El no es abogado

- **She is not a businesswoman**
  (shí is not a bísnesgúman)
  Ella no es una mujer de negocios

- **It isn't easy**
  (it ísnt íisi)
  No es fácil

11

VERBO TO BE FORMA NEGATIVA

Orden de la oración:

Sujeto	verbo	negación	complemento
He	is	not	a lawyer

Para negar agregamos la palabra NOT

I am not, You are not, He is not, She is not, It is not, We are not, You are not, They are not.

- **It isn't a good sausage**
  (it 1snt a gúd sósah)
  No es una salchicha sabrosa

- **It isn't your plane**
  No es su avión
  (it ísnt iur plein)

PREGUNTAS EN FORMA NEGATIVA CON CONTRACCIONES

Orden de la oración:

Verbo	negación	sujeto o pronombre	complemento
Isn't		she	a secretary

Nota: Observe que con I (yo), en preguntas negativas no se usa contracción.

PASADO DEL VERBO TO BE. FORMA INTERROGATIVA

- **Were you in your house yesterday afternoon?**
  (¿gúer iu in iur jáus iésterdey áfter nun?)
  ¿Estuviste en tu casa ayer en la tarde?

- **Yes, I was in my house yesterday**

- **Were they at home last Sunday?**
  (¿güer dey at jom last sóndei?)
  ¿Estuvieron ellos en casa el domingo pasado?)

- **Yes, they were at home last Sunday**

- **Were you in Chihuahua last June?**
  (¿güer iu in chihuahua last yun?)
  ¿Estuviste en Chihuahua en junio pasado?

- **Yes, I was in Chihuahua last June**

- **Were they good husbands?**
  (¿güer dey gud jósbands?)
  Eran ellos buenos esposos?

- **Yes, Peter and Paul were good husbands**

- **Were Mary and Alice efficient secretaries?**
  (¿güer méri and ális efíshient sécretaris?)
  ¿Eran Mary y Alice secretarias eficientes?)

- **Yes, they were efficient secretaries***

- **Were your brother and Peter at school last Monday?**
  (¿güer iur bróder and píter at skúl last móndei?)
  ¿Estuvieron tu hermano y Peter en la escuela el lunes pasado?)

- **Yes, they were at the school last Monday***

- **Was it dark?**
  (uas it dark?)
  ¿Estaba oscuro?

* Observe cómo hemos substituido los nombres de las personas por el pronombre THEY. En vez de Mary and Alice were efficient secretaries: They were efficient secretaries. Una forma que nos permite más rapidez.

13

PASADO DEL VERBO TO BE

Nota: El pasado del verbo To Be para las primeras personas: I, he, she it es: WAS.

Para: we, you, they = WERE.

Las preguntas se forman con la forma del pasado del verbo al principio.

Verbo	sujeto	complemento	
Was	**it**	**a good dog?**	(¿Era un buen perro?)

Para negar:

Sujeto	verbo	negación	complemento	
It	**was**	**not**	**a good dog**	(No era un buen perro)

Con contracciones:

- **It wasn't a good dog**
- **Wasn't it a good dog?**

- **Wasn't she your nice?**
  (úasnt shi iur nís?)
  ¿No era tu sobrina?

- **Was she at the beach?**
  (uas shí at de bich?)
  ¿Estaba en la playa?

- **Was she 20 years old?**
  (uas shi tuenti íers óuld?)
  ¿Tenía 20 años?

PASADO DEL VERBO TO BE

I was — yo era *(ai uás)*
he was — él era *(ui uás)*
she was — ella era *(shí uás)*
it was — era *(ít uás)*

- **I was tall** *(ay uás tol)* Yo era alto
- **He was short** *(ji uás short)* El era bajo
- **She was fat** *(shí uás fat)* Ella era gorda
- **It was a good dog** *(ít uás a gud dog)* Era un buen perro

We were — nosotros éramos *(güi uér)*
You were — ustedes eran *(iu uer)*
They were — ellos, ellas eran *(dey uér)*

- **You were skinny** *(iu uér skíni)* Tú eras flaco
- **We were strong** *(güi uér strong)* Nosotros éramos fuertes
- **They were sad** *(déy uér sad)* Ellos estan tristes

You were
       tú estabas

       usted estaba
We were — nosotros estábamos
You were — ustedes estaban
They were — ellos, ellas estaban

- **You were in Mexico** *(iu uér in méksicou)* Tú estabas en México
- **We were in Chicago** *(güi uér in chicágou)*
  Nosotros estábamos en Chicago
- **They were in New York** *(dey uér in niúu york)*
  Ellos estaban en Nueva York
- **Mary and Alice were in Washington** *(méri and ális uér in uáshinton)* Mary y Alice estaban en Washington

- **It wasn't a good dog.**
  (ít úasnt a gún dóg)
  no era un buen perro

- **I am in my house**
  (ái am in mái jáus)
  Yo estoy en mi casa

- **You are in your office**
  (iu ar in iur ófiss)
  Tú estás en tu oficina

- **We are in our garden**
  (güi ar in áuer gárden)
  Nosotros estamos en nuestro jardín

- **You are in your living-room**
  (iu ar in iur lívin rum)
  Ustedes están en su sala

- **They are in their bedroom**
  (déi ar in déir bédrum)
  Ellos están en su recámara

- **They are in their country**
  (déi ar in déir cóuntri)
  Ellas están en su país

- **Peter is in his bedroom**
  Pedro está en su recámara
  (Píter is in jís bédrúm)

- **Jane is in her house**
  Pedro está en su recámara
  (Píter is in jer jáus)

- **That's her hat**
  (dáts jer ját)
  Ese es su sombrero (de ella)

- **This is its little house**
  Esta es su casita (de un perro por ejemplo, ya que habla de IT)
  (dis is íts lítl jáus)

Nota gramatical: Para indicar posesión de algo por alguien, se usan las siguientes formas antes del sustantivo.

his	su (de él)
her	su (de ella)
its	su (de hablando de un animal o cosa)

Se colocan antes del sustantivo. Observe el uso de **your** y **their**: no cambian ni en género ni en número.

THIS (ESTE, ESTA)

Nota gramatical: Usado como pronombre, en sustitución del nombre, o como adjetivo demostrativo: indica posición de cercanía. No varía en género.

- **This is a sweater**
  (dis is a suéder)
  Este es un suéter

- **This is an apple**
  (dis is an ápol)
  Esta es una manzana

- **This is my house**
  (dis is mai jáus)
  Esta es mi casa

THIS (ESTE, ESTA). QUESTIONS (PREGUNTAS)

- **Is this a sweater?**
  (¿is dis a suéder?)
  ¿Es este un suéter?
  Yes, it is

- **Is this an apple?**
  (¿is dis an ápol?)
  ¿Es esta una manzana?
  Yes, it is

- **Is this a dog?**
  (¿is dis a dog?)
  ¿Es este un perro?
  No, it ins't

- **Is this your father?**
  (¿is dis iur fáder?)
  ¿Es este tu padre?
  No, he isn't

- **Is this your house?**
  (¿is dis iur jáus?)
  ¿Es esta tu casa?
  No, it isn't

- **Is this your job?**
  (¿is dis iur yob?)
  ¿Es este tu trabajo?
  No, it isn't

- **Is this your hammer?**
  (is dis iur jámer?)
  ¿Es este tu martillo?

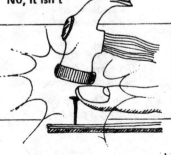

THAT. *(ese - esa)*

- **That is my letter**
  (dat is mái léder)
  Esa es mi carta

- **That is your envelop**
  (dat is iur énvélop)
  Ese es tu sobre

- **That is his stamp**
  (dat is jis stamp)
  Ese es su timbre

- **That is a mailbox**
  (dat is a meilbóks)
  Ese es un buzón

ADJETIVOS CALIFICATIVOS

Nota gramatical: Especifican las características del sujeto, a quien define, se trate de persona, animal o cosa. En inglés van siempre antes del sustantivo.

	adjetivo	sustantivo		
Ej.:	**good**	**boy**	(niño bueno)	*(gúd boi)*
	bad	**girl**	(niña mala)	*(bád gerl)*

- **He's a rich man**
  (jís a rich mán)
  Es un hombre rico

- **It's a big house**
  (its a big jáus)
  Es una casa grande

- **It's a false coin**
  (íts a fóls kóin)
  Es una moneda falsa

- **It's a small field**
  (íts a smol fild)
  Es un campo pequeño

- **Juan is a good boy**
  (juan is a gud boy)
  Juan es un buen muchacho

- **Peter's father is intelligent**
  (píters fáder is intéliyent)
  El papá de Pedro es inteligente

- **He's an intelligent man**
  (jís an intéliyent man)
  El es un nombre inteligente

- **It isn't an easy job**
  (it ísnt an ísi iob)
  No es un trabajo fácil

GOING TO Futuro contínuo.

Nota gramatical. Esta forma del idioma inglés, expresa una acción futura, que va a suceder. Se traduce como: voy a. . . vas a. . . vamos a. . .

Forma de la.oración.

Sujeto	Verbo to be	going to	verbo en su forma simple	complemento
I	am	going to	buy	a car.
He	is	going to	buy	a book
We	are	going to	work	on Sunday

Nota. Como recordará en el inglés, se usan siempre las contracciones en la forma hablada, como es tan usual, pratiquemos esta forma con contracciones.

- **I'm going to study music**
  (aim goin tu stodi miusik)
  Voy a estudiar música

- **Where are you going to study?**
  (juér ar iu góin tu stodi?)
  ¿Dónde vas a estudiar?

- **I'm going to study with Mrs. Lark**
  (áim goin tu stodi wiz míses lárk)
  Voy a estudiar con la sra. Lark

- **Who else studies music?**
  (¿jú éls stódis miusik?)
  ¿Quién más estudia música?

- **My son**
  (mai son)
  Mi hijo

- **He's going to play rumba next**
  Va a tocar rumba a continuación
  (jís goin tu plei rumba nékst)

- **Is he going to have lessons too?**
  (is jí goin tu jáv lésosns tú?)
  ¿Va a tomar él también clases?

- **No, he isn't going to**
  (nou, jí ísnt going tu)
  No

19

GOING TO

- **I am going to pay you tomorrow**
  (ái am góing tu péi iu tumórrou)
  Yo te pagaré mañana

- **We are going to drive**
  (güi ar góing tu dráiv)
  Nosotros vamos a manejar

- **They are going to fly to Texas**
  (déi ar góing tu flai tu teksas)
  Ellos va a volar a Texas

- **It's going to fight tomorrow**
  Va a pelear mañana
  (íts goin tu fáit tumorrou)

Conjugación

Forma interrogativa

- Am I going to pay you tomorrow?
- Are you going to pay me tomorrow?
- Is he going to pay you tomorrow?
- Is she going to pay you tomorrow?
- Is it going to rain?
- Are we going to pay you tomorrow?
- Are you going to pay me tomorrow?
- Are they going to pay you tomorrow?

GOING TO. NEGANDO

- **My boss isn't going to buy a new tractor.**
  (mai bós ísnt goin tu bai a niu tráktor)
  Mi patrón no va a comprar un nuevo tractor.

- **Peter isn't going to construct a new barn.**
  (píter ísnt goin tu konstrók a niu bárn).
  Pedro no va a construir un nuevo granero.

- **Mr. Clark isn't going to repair the barnyard.**
  (míster Klark ísnt goin tu ripér de bárnyard).
  El sr. Clark no va a reparar el corral.

WHERE: Dónde

Preposiciones In — On

P ● **Where's the cat?**
   (juérs de kat?)
   ¿Dónde está el gato?

   R ● **It is in the living room on the sofa**
      (it is in de lívin rum, on de sóufa)
      Está en la sala, sobre el sofá

P ● **Where is the stamp?**
   (¿juér is de stámp?)
   ¿Dónde está el timbre?

   R ● **It is on the envelop**
      (it is on de énvélop)
      Está en el sobre

P ● **Where is the book?**
   (¿juér is de búk?)
   ¿Dónde está el libro?

   R ● **It is on the table**
      (it is on de téibol)
      Está en la mesa (encima)

P ● **Where is Peter?**
   (¿juér is píter?)
   ¿Dónde está Pedro?

   R ● **He is in his classroom**
      (ji is in jis klásrum)
      El está en su salón de clases

P ● **Where is your father?**
   (¿juér is iur fáder?)
   ¿Dónde está tu padre?

   R ● **He is in his office**
      (ji is in jis ófis)
      El está en su oficina

● **Where's the bowl?**
   (juérs de bóul?)
   ¿Dónde está el tazón?

● **It's on his head**
   (íts on jis jed)
   Está en su cabeza

P = pregunta con where
R = respuesta con preposiciones *in, on*; en español *en*

Nota gramatical: IN: Se usa para indicar dentro de algo. ON: Indica contacto con superficie. ON: Se traduce como EN, pero se usa de distinta manera.

21

WHERE — IN FRONT OF
(júer)   (in front of)
Dónde   En frente de

- Where is your desk?
  (¿júer is iur desk?)
  ¿Dónde está tu escritorio?

- It's in front of Mary's desk
  (íts in front of méris desk)
  Está enfrente del escritorio de Mary

BEHIND — WHERE
(bijáind)   (júer)
Detrás   — Dónde

- The cat is behind the sofa
  (de kat is bijáind de sófa)
  El gato está detrás del sofá

- Where is the cat?
  (¿júer is de kat?)
  ¿Dónde está el gato?

- It's behind the sofa
  (íts bijáind de sófa)
  Está detrás del sofá

VERBO TO HAVE (TENER)

- I have black eyes
  (ái jav blak áis)
  Yo tengo los ojos negros

- We have long legs
  (güi jav lon legs)
  Nosotros tenemos piernas largas

- You have long hair
  (iu jav long jéer)
  Tú tienes el cabello largo

- They have big hands
  (dei jav big jáns)
  Ellos tienen manos grandes

- You and Peter have beautiful eyes
  (iu and píter jav biúriful áis)
  Tú y Pedro tienen ojos bonitos

22

Preguntas con To Have

- **Have I beutiful eyes?**
  (¿jav ái biúriful áis?)
  ¿Tengo yo los ojos bonitos?

- **Have you long hair?**
  (¿jav iu long jéer?)
  ¿Tienes el cabello largo?

- **Have we strong muscles?**
  (¿jav güi strón móscls?
  ¿Tenemos músculos fuertes?

- **Have you and Peter big noses?**
  (¿jav iu and píter big nóuses?)
  ¿Tienen tú y Pedro narices grandes?

Conjugación presente

- I have
- You have
- We have
- You have
- They have

Forma interrogativa

- **Have I?**
- **Have you?**
- **Have we?**
- **Have they?**

- **Have you something to share?**
  Tienes algo que compartir?
  (Jáv iu sómzin tu shér)

VERBO TO HAVE — 3as personas. He, she, it.

Nota gramatical: Con las 3as. personas: **He, she, it**; el verbo to have se transforma en **has**. Forma de la oración en presente:.

Sujeto	Verbo	Complemento
He	has	a car
She	has	a house
It	has	a little house

- **He has an ugly mustache**
  (ji jas an o'gli mustách)
  El tiene un feo bigote

- **She has a big mouth**
  (shi jas a big mauz)
  Ella tiene la boca grande

- **The dog has a short tail**
  (de dog jas a short téil)
  El perro tiene la cola corta

- **Juan has a big house**
  (juan jas a big jáus)
  Juan tiene una casa grande

23

- **Helen has long hair**
  (Jélen jas long jéer)
  Elena tiene el cabello largo

- **The cow has a bad illness**
  (de cáu jas a bad ílnes)
  La vaca está enferma

- **Helen's mother has a big nose**
  La mamá de Helena tiene la naríz grande
  (jélens moder jás a big nóus)

- **She has long hair**
  (shi jas lon jer)
  Ella tiene el pelo largo

- **Peter's father has a big moustache**
  El papá de Pedro tiene bigote grande
  (píters fáder jás a bíg mustásh)

Preguntas en negativo con contracciones

- **Haven't I beautiful eyes?**
  (¿jávent ái biúriful áis?)
  (Tengo yo los ojos bonitos?

- **Hasn't he a wife?**
  (¿jásent ji a uáif?)
  ¿No tiene él esposa?

- **Haven't you a dog?**
  (¿jávent iu a dog?)
  ¿No tienes un perro?

- **Hasn't Helen a husband?**
  (¿jásent jélen a jósband?)
  ¿No tiene Elena esposo?

- **Haven't they a job?**
  (¿jávent dei a yob?)
  ¿No tienen ellos un trabajo?

- **Hasn't the cow good health?**
  (¿jásent de káu gud jelz)
  ¿No tiene la vaca buena salud?

- **Haven't we enough money?**
  (¿jávent güi inóf móni?)
  ¿No tenemos suficiente dinero?   dinero?

Haven't I?
Haven't You?
Hasn't He?
Hasn't She?
Hasn't It?
Haven't We?
Haven't You?
Haven't They?

Negando	*Con contracciones*
I have not	• I haven't
You have not	• You haven't
He has not	• He hasn't
She has not	• She hasn't
It has not	• It hasn't
We have not	• We haven't
You have not	• You haven't
They have not	• They haven't

TIEMPO PRESENTE

Nota gramatical. Se usa para expresar una acción que sucede por un tiempo continuado. Todos los días, usualmente, generalmente sucede. Forma de la oración:

Sujeto	*Verbo en infinitivo*	*Complemento*
I	study	English everyday

• **I study English every day**
  (ai stódi ínglish évri dey)
  Yo estudio inglés todos los días

• **You work hard every day**
  (iu uórk hard évri dey)
  Tú trabajas duro todos los días

• **We work in this office**
  (güi oúrk in dis ófis)
  Nosotros trabajamos en esta oficina

• **They prefer cherries**
  Ellos prefieren cerezas
  (dei prifér chérris)

25

- **They study English at home**
  (dey stódi ínglish at jóm)
  Ellos (as) estudian inglés
  en casa

- **We need some pencils**
  (güi nid som pénsils)
  Nosotros necesitamos
  algunos lápices

- **I want a piece of cake**
  (ai guánt a pis of quéik)
  Yo quiero un pedazo
  de pastel

- **They prefer chocolate cake**
  (dei prifér chólolet quéik)
  Ellos (as) prefieren pastel
  de chocolate

- **You learn very quickly**
  (iu lern véri kuíkli)
  Tú aprendes muy rápidamente

Forma interrogativa del tiempo presente

Para preguntar se utiliza el auxiliar **Do** y el verbo en su forma
con las personas: **I, you, we, they**

Auxiliar	Pronombre	Verbo en su forma simple
Do		drink?

- **Do I drink too much alcohol?**
  (¿du ái drink tu moch álcojol?)
  ¿Bebo demasiado alcohol?

- **Do you work in that office?**
  (¿du iu uórk in dat ófiss?)
  ¿Trabajas en esa oficina?

- **Do we sing well?**
  (¿du güi sing uél?)
  ¿Cantamos bien?

- **Do they study English?**
  (¿du déi stódi ínglish?)
  ¿Estudian ellos inglés?

- **Do they need a new sweater?**
  (¿du déi nid a níuu suéder?)
  ¿Necesitan ellas un suéter nuevo?

- **Do you want a sandwich?**
  (¿du iu uót a sánduich?)
  ¿Quieres un sandwich?

- **Do they need a new desk?**
  (¿du déi nid a níuu desk?)
  ¿Necesitan un escritorio nuevo?

- **Do we drink orange juice?**
  (¿du güi drink óranch yúus?)
  ¿Bebemos jugo de naranja?

- **Do you earn a good salary?**
  (¿duiu ern a gud sálari?)
  ¿Gana usted un buen sueldo?

- **Do you study English every day?**
  (¿du iu stódi ínglish évri déi?)
  ¿Estudias inglés todos los días?

TIEMPO PRESENTE. 3as. personas del singular
He, she, it

Nota gramatical: En las terceras personas: He, she, it se le agrega una *s* al tiempo presente del verbo. (wear-wears, ride-rides). Forma de la oración:

Sujeto	Verbo +S	Complemento
My dog	runs	very quikly.

- **She wears earrings every day**
  (shí güers írrings évri dey)
  Ella usa aretes todos los días

- **She rides her bycicle**
  (shí ráids jer báicicol)
  Ella pasea en su bicicleta

- **My dog runs very quickly**
  (may dog ráns véri kuíkli)
  Mi perro corre muy rápido

- **John swims on Sunday**
  (yon suíms on sóndey)
  Juan nada los domingos

- **Mary eats a lot of chocolates**
  (méri íts a lot of chócoleits)
  María come muchos chocolates

27

- **Your cat drinks too much milk**
  (iur kat drínks tú moch milk)
  Tu gato bebe demasiada leche

- **My father walks to work**
  (mai fáder guólks to uórk)
  Mi padre camina al trabajo

- **My friend Mrs. Rodríguez studies English**
  (mai frend mísses rodríguez stódis ínglish)
  Mi amiga la Sra. Rodrígues estudia inglés

- **That car runs very fast**
  (dát car rons véri fast)
  Ese carro corre muy aprisa

- **My little sister wants a sandwich**
  (mai lítl síster guánts a sánduich)
  Mi hermanita quiere un sandwich

Nota: los verbos que terminan en **y**, convierten la y en i latina antes de añadirles la terminación **es ej. STUDY-STUDIES.**

TIEMPO PRESENTE. Preguntas
He, She, It: Preguntas con estas personas usan el auxiliar DOES.

PREGUNTAS Y RESPUESTAS

- **Does our father talk too much?**
  (¿dos ágüer fáder tok tu moch?)
  ¿Habla nuestro padre demasiado?

- **Does their secretary work on Saturday?**
  (¿dos deir sécretari uórks on sáturdey?)
  ¿Trabaja su secretaria los sábados?

- **Does his boss earn five hundred thousand pesos a month?**
  (¿dos jis bos ern fáiv jóndred záusand pésos a monz?)
  ¿Gana su jefe quinientos mil pesos mensuales?

- **Does he need a new sales manager?**
  (¿dos jí nid a niu séils mánayer?)
  ¿Necesita él un nuevo gerente de ventas?

- **Does Mrs. Martínez drink orange juice at breakfast?**
  (¿dos mísses martínes drink óranch ius at brékfast?)
  ¿Bebe la Sra. Martínez jugo de naranja en el desayuno?

PREGUNTAS Y RESPUESTAS CORTAS

- **Does your cat drink milk?**
  (¿dos iur kat drink milk?)
  ¿Bebe tu gato leche?
- **Yes, it does**
  (ies, it dos)
  Sí

- **Does her sister go to the theater?**
  (¿dos jer síster gou to de zíater?)
  ¿Va su hermana al teatro?
- **Yes, she does**
  (ies, shí dos)
  Sí

- **Does the stark want to eat something?**
  Quiere comer algo el tiburón?
  (dós de stárk uánt tu ít sómzing?)

- **Does Peter sing modern music?**
  (¿dos píter sing módern miúsic?)
  ¿Canta Pedro música moderna?
- **Yes, he does**
  (ies, jí dos)
  Sí

IMPERATIVO

Nota gramatical: Para dar indicaciones u órdenes se usa esta forma igual que en español. Orden de la oración:

Verbo en su forma simple	Complemento
Open	the window

Nota: Es muy común usar **Let's** antes del verbo. Observe las dos formas posibles de traducción.

- **Let's go to Mexico City**
  Vamos a México
  Vayamos a México
- **Let's go on a diet**
  Vamos a ponernos a dieta!
  Pongámonos a dieta

Nota. El sujeto TU se sobreentiende pero no se expresa; igual que en español

- **Come back!**
  Regresa
- **Wait outside, please**
  Espera afuera, por favor

Nota: Se suaviza la orden añadiendo la palabra por favor: please ya sea adelante o al final.

IMPERATIVO

- **Leave your hat on the chair**
  (lív iur jat on de chéir)
  Deja tu sombrero sobre la silla

- **Don't come back**
  (dónt kóm báck)
  No regreses

- **Don't repeat it please!**
  (dónt ripít it plís)
  No lo repitas por favor

- **Don't say it again**
  (dónt sei it agein)
  No lo digas otra vez

- **Don't touch me**
  (dónt touch mí)
  No me toques

- **Don't listen to him**
  (dónt lísen to jím)
  No lo escuches

- **Let's get married**
  (léts get merried)
  Casémonos

- **Let's go to the movies**
  (léts gou tu de múvis)
  Vamos al cine

- **Let's forget our differences**
  (Léts forgét aut dífrens)
  Olvidemos nuestras diferencias

- **Let's try to be happy**
  (léts trai tu bi jápi)
  Tratemos de ser felices

- **Take it easy**
  Tómala con calma
  (teik ít ísi)

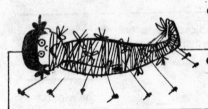

- **Don't get nervous**
  No te pongas nervioso
  (dóunt gét nérvous)

Nota gramatical. Recuerde que el imperativo, se forma con la forma simple del verbo. Encontrará una relación de verbos en la pág.

IMPERATIVO

Forma negativa: Se usa el auxiliar Do y la negación not

- **Please don't shout**
  Por favor no grites
- **Don't shout, please**
  No grites por favor

- **Let's go on a diet'**
  (léts gou on a dait)
  Pongámonos a dieta

MUCH.—

Nota gramatical: Se usa en casos que no se puedan contar:
Ej.: **I eat much sugar.** Como mucha azúcar.
Cuando se puede contar se usa many.
Ej.: **I eat many eggs.**

How much pregunta cuánto
How many pregunta cuántos

Ej.: **How much sugar do you eat?**
   How many eggs do you eat?

- **How many bloks do I have to walk?**
  (jau méni bloks du ai jáv tu uák?)
  ¿Cuántas calles tengo que caminar?

31

MANY-*muchos*

- **He smokes many cigarettes.**
  (ji smóuks méni sígarets).
  El fuma muchos cigarros.

- **How many cups of coffee do you drink?**
  (¿jáu méni káps of kófi du iu drínk?)
  ¿Cuántas tazas de café bebes tú?

- **He makes many mistakes.**
  (ji méiks méni mistéiks)
  El comete muchos errores.

- **How many windows are there in your house?**
  (¿jáu méni uíndous ar der in iur jáus?)
  ¿Cuántas ventanas hay en tu casa?

THERE IS — *HAY (Singular)*

- **There is a large factory in this town**
  (der is a lárch fáctori in dis táun)
  Hay una fábrica grande en este pueblo

- **There is much oil in Mexico**
  (der is móch óil in méksicou)
  Hay mucho petróleo en México

- **Is there milk in that bowl?**
  (is der milk in dat bóul?)
  ¿Hay leche en ese tazón?

- **There is a good restaurant**
  (der is a gud réstorant)
  Hay un buen restaurante

HOW MUCH — CUANTO

Nota gramatical. Para preguntar ¿Cuánto? se usa la forma; **How much**. Cuando se trate de cosas que no se considera que se puede contar por unidades. Con la práctica aprenderá el uso.

- **It costs ten dollars**
  (it kóst ten dólars)
  Cuesta diez dólares

- **How much is it?**
  (¿jáu moch is it?)
  ¿Cuánto es?

- **It's four dollars**
  (íts fóur dólars)
  Son cuatro dólares

HOW MANY.— ¿Cuántos?

Nota gramatical.— Para preguntar ¿cuántos? con cosas y personas que se pueden contar por unidades.

- **How many friends do you have?**
  (jau méni frénds du iu jáv?)
  ¿Cuántos amigos tienes?

- **How many dollars will you pay me?**
  (jau méni dólars uil iu pei mi?)
  ¿Cuántos dólares me pagará?

- **How many years will you have to study?**
  (jau meni íers uil iu jáv tu stódi?)
  ¿Cuántos años tendrás que estudiar?

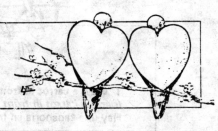

How many birds are there?
There're two

33

THERE ARE – HAY (Plural)

- There are high mountains in Mexico
  (der ar jái móuntains in méksicou)

- There are many flowers in that vase
  (der ar méni fláuers in dat véis)
  Hay muchos niños en esa escuela

Questions. Preguntas

- Are there some rabbits in that farm?
  (¿ar der som rábis in dat farm?)
  ¿Hay algunos consejos en esa granja?

- Are there many workers in that factory?
  (¿ar der méni uórkers in dat fáctori?)
  ¿Hay muchos trabajadores en esa fábrica?

- Are there some vegetables in that garden?
  (¿ar der som beíshtebls in dat gárden?)
  ¿Hay algunos vegetales en ese jardín?

- Are there many flowers en that vase?
- Are there high mountains in Mexico?
- Are there many children in that school?
- Is there much oil in Mexico?
- Is there a good restaurant?
- Is there a large factory in this town?

There is a carrot in front of the donkey
(der is a kárrot in frónt of de dónki)
Hay una zanahoria en frente del burro

Nota gramatical.— Para expresar una acción que está sucediendo en el momento, se usa esta forma. Se añade al verbo la terminación: Ing.

ej. I'm strudying English
You're working hard

Se forma con el verbo to be, y la terminación ing en el verbo.

Orden de la oración:

Sujeto	verbo to be	verbo + ing	complemento
I	am	studing	English
You	are	working	hard

Presente:

● I'm studing English now

Pregunta:

● Are you working hard?

Pregunta negando:

● Aren't you working hard?

Futuro:

● Will you be working hard next year?
(uil iu bi uorkin járd nékst íer?)
Estarás trabajando duro el próximo año?

Pasado:

● Were you working hard last year?
(uer iu órkin jard lást íear?)
Estuviste trabajando duro el año pasado?

35

- **What is Mr. Johnson doing now?**
  (¿juát is míster yónson dúin náu?)
  ¿Qué está haciendo el señor Johnson ahora?

- **He's reading a book**
  (jis rídin a buk)
  Está leyendo un libro

- **What are you doing now?**
  (¿juát ar iu dúin náu?)
  ¿Qué estás haciendo ahora?

- **I'm studying my English lesson**
  (áim stódin mai ínglish léson)
  Estoy estudiando mi lección de inglés

- **What are your children doing?**
  (¿juát ar iur chíldren dúin?)
  ¿Qué están haciendo tus hijos?

- **They're playing in the garden**
  (déir pléin in de gárden)
  Ellos están jugando en el jardín

- **What are your friends doing?**
  (¿juát ar iur frends dúin?)
  ¿Qué están haciendo tus amigos?

- **They're swimming in the pool**
  (déir súimin in de púl)
  Están nadando en la alberca

- **Where are you working now?**
  (¿juér ar iu uórkin náu?)
  ¿Dónde estás trabajando ahora?

ADJETIVOS DEMOSTRATIVOS

Me------you------him------her
us------them

- **I'm talking to you**
  Te estoy hablando
  (aím tókin tu iu)

- **He's talking to me**
  El me está hablando
  (jís tókin tu mí)

- **She's looking at him**
  Ella lo está mirando
  (shís lúkin at jím)

- **Mr. Ford is talking to them**
  El señor Ford está hablando con ellos
  (míster for is tókin to dém)

- **They want to visit us**
  Ellos quieren visitarnos
  (dei uánt tu vísit ós)

WHEN — CUANDO

- **When do you go to the dentist?**
  (¿juén du iu góu tu de déntist)
  ¿Cuándo vas al dentista?

- **I go every year**
  (ai góu évri yíer)
  Voy cada año

- **When do you study your lessons?**
  (¿juén du iu stódi iur lésons?)
  ¿Cuándo estudias tus lecciones?

- **I usually study at night**
  (ai iúshuali stódi at náit)
  Generalmente estudio en la noche

- **When does he leave for Veracruz?**
  (¿juén dos jí lív for Veracrus?)
  ¿Cuándo sale él para Veracruz?

- **When did you buy your car?**
  (¿juén did iu bay iur kár?)
  ¿Cuándo compraste tu carri?

- **I bought it last February**
  (ai bót ít lást fébruari)
  Lo compré el pasado febrero

- **When did your parents
  go to Chihuahua?**
  *(¿juén did iur párents
  góu tu Chihuahua?)*
  ¿Cuándo se fueron tus
  padres a Chihuahua?

- **They went in April**
  (dey güent in éipril)
  Se fueron en abril

- **When will we visit your family?**
  ¿Cuándo visitaremos a tu familia?
  (juén uil ui vísit iur fámili)

FUTURO CON EL AUXILIAR WILL

- Peter is in the cafeteria now
  (píter is in di cafitíria náu).
  Pedro está ahora en la cafetería.

- He will be in the cafeteria tomorrow too.
  (jí uíl bi in de cafitíria tumorróu tu).
  El estará en la cafetería también mañana.

- Mary is my new teacher.
  (méri is mai niu tícher).
  María es mi nueva maestra.

- Mrs. Smith will be your new teacher.
  (míses smíz uil bi iur niu tícher).
  La Sra. Smith será tu nueva maestra.

- Mr. Kennedy is in Chicago this month
  (míster kénedi is in shikágou dis monz).
  El Sr. Kennedy está en Chicago este mes.

- He will be in Los Angeles next month.
  (jí uíl bi in los ányeles next monz).
  El estará en Los Angeles en mes próximo.

- They are at the movies now.
  (déy ar at de múvis náu)
  Ellos están en el cine ahora.

- They will be at home at ten o'clock.
  (dei uíl bi at jóum at ten o-clok)
  Ellos estarán en casa a las diez

- Alice is out of town this week.
  (ális is áut of táun dis güik)
  Alicia está fuera de la ciudad esta semana.

- She will be here next week.
  (shí uíl bi jíer nekst güík).
  Ella estará aquí la próxima semana.

- I'll be in Washington next month.
  (ail bi in uáshinton nekst monz).
  Estaré en Washington el próximo mes.

- He will fly
  El volverá
  (ji uil flai)

39

FUTURO. Will

- **We'll be at the movies at 8 o'clock**
  (uil bi at de múvis at eit o clók).
  Estaremos en el cine a las ocho.

- **It'll be a wonderful day.**
  (itl bi a uánderful dei).
  Será un día precioso.

- **You'll be my partner.**
  (iul bi mai pártner).
  Tú serás mi socio.

- **It'll be a wonderful party**
  Será una fiesta maravillosa
  (ítl bi a uánderful párti)

Nota gramatical: Para expresar acciones que sucederán en el futuro se agrega el auxiliar WILL antes de la forma simple del verbo.

Forma de la oración: **Sujeto   auxiliar   verbo   complemento**

                                She   will   study   English.

- **I will always be with you**
  Siempre estaré contigo
  (aí uil ólueis bi uiz iu)

FUTURO DEL VERBO TO BE

El tiempo futuro del verbo TO BE se forma como el futuro de todos los otros verbos: usamos el auxiliar WILL y la forma simple del verbo. Ej: **I will be a teacher.** Yo seré maestro. Son muy usuales sus contracciones: I'll, you'll, he'll, she'll, we'll, etc.

- **I'll be an engeneer**
  Yo seré ingeniero

- **You'll be a good doctor**
  Tu serás buen doctor

- **He'll be a good father**
  El será un buen padre

- **She'll be a good nurse**
  Ella será una buena enfermera

- **They'll be good mechanics**
  Ellos serán buenos mecánicos

- **We'll be in Texas**
  Estaremos en Texas

- **You'll be downtown**
  Ustedes estarán en el centro

Nota gramatical: How old = pregunta ¿qué edad tienes?
¿Cuánto años tienes? ∴ Se contesta literalmente traducido al
español = Yo soy 20 años. Como verá no se puede traducir
literalmente. Hay que aprender la forma de preguntar y
contestar sobre la edad en inglés.

- **How old are you?**
  (jáu óuld ar iu?)
  ¿Cuántos años tienes tú?

- **I'm twenty years old**
  (am tuénti íers old)
  Tengo veinte años

- **How old is he?**
  (jáu óuld is jí?)
  ¿Cuntos años tiene él?

- **He's ten years old**
  (jis ten íers old)
  El tiene diez años

- **How old is she?**
  (¿jáu óuld is shí?)
  ¿Cuántos años tiene él?

- **She's forty years old**
  (Shí fóri íers old)
  Ella tiene cuarenta años

- **How old is your father?**
  (¿jáu óuld is iur fáder?)
  ¿Cuántos años tiene tu padre?

- **He's seventy years old**
  (jis séventi íers old)
  El tiene setenta años

- **How old is her husband?**
  (¿jáu óuld is jer jósband?)
  ¿Cuántos años tiene su esposo?

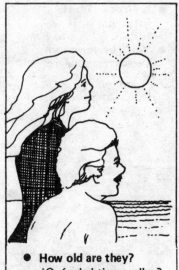

- **How old are they?**
  ¿Qué edad tienen ellos?
  (jau óuld ar dei?)

El verbo CAN se usa en inglés para expresar que, física o mentalmente se puede hacer algo, se tiene habilidad para ello.

- I can play the guitar
  (ai kan plei de guítar)
  Yo puedo tocar la guitarra

- I can drive
  (ai kan dráiv)
  Yo puedo manejar

- She can swin for hours
  (shí kan súim for áuers)
  Ella puede nadar durante horas

- We can speak three languages
  (güi kan spík zri lángüishes)
  Nosostros podemos hablar tres idiomas

- Toni can read English
  (güi kan rid ínglish)
  Toni puede leer en inglés

- They can dress as humans
  Ellos se pueden vestir como los humanos
  (dei kan drés as jíumans)

Nota: CAN es usado con la forma simple de otro verbo y expresa una idea presente o una idea futura.

PREGUNTAS

- Can Peter speak English?
  (kan píter spík ínglish?)
  ¿Puede Pedro hablar inglés?

- Can my friend Alice come with us to the movies?
  (kan mai frend ális kom güiz os tu de múvis?)
  ¿Puede mi amiga Alicia venir al cine con nosotros?

- Can you understand everything I say?
  (kan iu onderstánd évrizing ei sei?
  ¿Puedes entender todo lo que digo?

- **Can you do all these exercises?**
  (kan iu du ol díis eksersáisces?)
  ¿Pueden ustedes hacer todos estos
  ejercicios?

ORACIONES NEGATIVAS

- **I can not speak English well yet**
  (ai kan not spík ínglish güell iét)
  Yo no puedo hablar bien inglés todavía

- **Alice can not come to the movies
  with us**
  (ális kan nót kom tu de múvis güit ós)
  Alicia no puede venir al cine con nosotros

- **He can not drive the car well**
  (jí kan nót dráiv de kar güel)
  El no puede manejar bien el carro

ORACIONES NEGATIVAS CON CONTRACCIONES

- **He can't come with us**
  (jí kant com güit ós)
  El no puede venir con nosotros

- **She can't jump that wall**
  (shí kant yómp dat guol)
  Ella no puede saltar esa pared

- **We can't go to the movies today**
  (güi kánt gou tu de múvis tudey)
  Nosotros no podemos ir al cine hoy

- **They can't do that to me**
  (dey kant du dat tu mi)
  No pueden hacerme esto

ALSO – TOO (TAMBIEN)

- Emilio will also come
  (emilio uíl olso kóm)
  Emilio también vendrá

- He will come too
  (ji uíl kóm túu)
  El vendrá también

- Raul can also play baseball
  (raul kan olso pléi béisbol)
  Raul también puede jugar beisbol

- He can play baseball too
  (ji can pléi béibsbol túu)
  El puede jugar beisbol también

- I want to dance too
  Yo también quiero bailar
  (ai uánt tu dáns tú)

- It was expensive too
  (it uás ekspensiv túu)
  Estuvo caro también

- Mr. Smith also likes american food
  (míster smíz olso láiks american fud)
  Al señor Smith también le gusta la comida americana

- He likes American food too
  (ji láiks american fud túu)
  A él también le gusta la comida americana

Nota Tanto also como too significan también.
Also se usa antes del verbo
Too se usa al final de la oración

- **What do you drink every day?**
  (¿juat du iu drink évri dey?)
  ¿Qué bebes tú todos los días?

- **I drink water every dar**
  (ai drink guáter évri dey)
  Yo bebo agua todos los días

- **What does he need?**
  (¿juat dos jí nid?)
  ¿Qué necesita él?

- **He needs some pencils**
  (jí nids som pénsils)
  El necesita algunos lápices

- **What does your sister study?**
  (¿juat dos iur síster stódi?)
  ¿Qué estudia tu hermana?

- **She studies English**
  (shí stódis ínglish)
  Ella estudia inglés

- **What does your boss drink at breakfast?**
  (¿juat dos iur bos drink at brékfast?)
  ¿Qué bebe tu jefe en el desayuno?

- **He drinks tomato juice**
  (jí drinks toméiro yus)
  El bebe jugo de tomate

- **What do your friends need?**
  (¿juat du iur frends nid?)
  ¿Qué necesitan tus amigos?

- **The need a new sweater**
  (dey nid a niu suéder)
  Ellos necesitan un suéter nuevo

- **What do you want to dance?**
  ¿Qué quieres bailar?
  (júat du iu uánt tu dáns)

- **What did you dance**
  I danced can can

46

- **How do you do?**
  ¿Cómo está usted?
  (jáu du iu du?)

- **How do you go to that street?**
  ¿Cómo se vá a esa calle?
  (¿jáu du iu gou tu dát stríit?)

- **How is your father?**
  ¿Cómo está tu papá?
  (jáu is iur fáder?)

- **How are you?**
  ¿Cómo estás?
  (jáu ár iu?)

- **How is the Earh?**
  ¿Cómo es la Tierra?
  (jáu is de érz?)

- **Is it round?**
  ¿Es redonda?
  (ís ít raund?)

- **How happy are they?**
  ¿Qué tan felices son?
  (jáu jápi ar dei?)

47

TIEMPO PASADO CON VERBOS REGULARES

Nota gramatical. Para indicar una acción que sucedió en el pasado se añade la terminación *ed* a la forma simple de los verbos regulares. Estudie y practique los verbos regulares. Encontrará una relación de ellos al final de este capítulo.
Los verbos que terminan en *y* cambian a *i* antes de acabar en *ed.*

Ejemplos

Presente   Pasado

- talk   —   talked
- want   —   wanted
- study   —   studied

- I study English every day
  (ai stódi ínglish évri dey)
  Yo estudio inglés todos los días

He carried chairs
(ji karrid chers)
El cargó sillas

- I studied english for three hours yesterday
  (ai stódied ínglish for zri águers iésterdey)
  Yo estudié inglés ayer tres horas

- You talk too much
  (iu tók tu moch)
  Tú hablas demasiado

- You talked two hours to Mary yesterday
  (iu tókt tu águers tu méri iésterdey)
  Tú hablaste con Mary ayer dos horas

- He wants a piece of cake
  (jí guánts a pis of quéik)
  El quiere un pedazo de pastel

- He wanted three pieces of cake at lunch yesterday
  (jí guánted zri píses of quéik at lónch iésterdey)
  El quiso tres pedazos de pastel ayer en el almuerzo

- She works hard every day
  (shí uórks jard évri dey)
  Ella trabaja duro todos los días

- She worked from ten to ten at her office yesterday
  (shí uórkt from ten tu ten at jer ófis iésterdey)
  Ella trabajó de diez a diez ayer en su oficina

Nota gramatical. Para preguntar en tiempo pasado, se usa el auxiliar DID. Forma de la oración =

Auxiliar Did	sujeto	verbo	complemento
Did	you	study	English?

Nota. En todas las preguntas en inglés el signo de interrogación se va sólo al final.

● **Did you study English in New York last summer?**
(¿did iu stódi ínglish in niu york last sómer?)
¿Estudiaste inglés en Nueva York el verano pasado?

● **Yes, I studied English in New York last summer**
(ies, ai stódied ínglish in niu york last sómer)
Sí, yo estudié inglés en Nueva York el verano pasado

● **Did you work too little yesterday?**
(¿did iu uórk tu lítl iésterdey?)
¿Trabajaste muy poco ayer?

● **Yes, I worked too little yesterday**
(ies, ay uórkt tu lítol iésterdey)
Sí, yo trabajé muy poco ayer

● **Did he talk to John yesterday afternoon?**
(¿did jí tók tu yon iésterdey áfternun?)
¿Habló él con Juan ayer en la tarde?

● **Yes, he talked to John yesterday afternoon**
(ies, jí tókt tu jon iésterdey áfternun)
Sí, él habló con Juan ayer en la tarde

● **Dis she need a new yellow blouse last spring?**
(¿did shí nid a niu iélou bláus last spríng?)
¿Necesitó ella una nueva blusa amarilla la primavera pasada?

● **Did he really kiss her?**
¿De verdad la besó?
(did ji ríli kís jér?)

49

Nota. Los verbos irregulares forman su pasado de manera especial y particular. Necesita aprenderlos de memoria.

- **drive** ——————— **drove**
  (dráiv)   *(dróuv)*
  manejar

- **eat** ——————— **ate**
  (ít)   *(éit)*
  comer

- **go** ——————— **went**
  (gou)   *(güént)*
  ir

- **make** ——————— **made**
  (méik)   *(méid)*
  hacer

- **read** ——————— **read**
  (rid)   *(red)*
  leer

- **ride** ——————— **rode**
  (ráid)   *(roud)*
  montar

- **run** ——————— **run**
  (ron)   *(rán)*
  correr

- **say** ——————— **said**
  (sei)   *(séd)*
  decir

- **see** ——————— **saw**
  (sí)   *(sóuld)*

- **sing** ——————— **sang**
  (sing)   *(sáng)*
  cantar

- **spend** ——————— **spent**
  (spénd)   *(spént)*
  gastar

PASADO CON VERBOS IRREGULARES

- **You went to work too late yesterday**
  (iu güent tu uórk túu léit iésterdei)
  Tú fuiste a trabajar muy tarde ayer

- **He sang six songs last Sunday**
  (jí sang siks songs lást sóndei)
  El cantó seis canciones el domingo pasado

- **She bought a new blouse last week**
  (shí bót a niu bláus last güik)
  Ella compró una blusa nueva la semana pasada

- **They saw two pictures last Sunday**
  (dey só tu píkchurs last sóndei)
  Ellos vieron dos películas el domingo pasado

- **I saw your husband at his office**
  (ai só iur jósband at jis ófis)
  Vi a tu esposo en su oficina

- **You bought an ugly desk**
  (iu bót an ógli desk)
  Compraste un escritorio feo

- **We drank three glasses of milk at dinner yesterday**
  (güi drank zri gláses of milk at díner iésterdei)
  Bebimos tres vasos de leche ayer en la cena

- **She went to church last Sunday**
  (shí güent tu chérch last sóndei)
  Ella fue a la iglesia el domingo pasado

- **They sang four songs at the party**
  (dei sang fóur songs at de párti)
  Ellos cantaron cuatro canciones en la fiesta

- **He ran a lot**
  El corrió mucho
  (ji rán a lót)

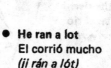

- **Did she go to church last Sunday?**
  (¿dis shí gou tu chérch last sóndei?)
  ¿Fue ella a la iglesia el domingo pasado?

- **Yes, she went to church last Sunday**
  (ies, shí güént tu chérch last sóndei)
  Sí, ella fue a la iglesia el domingo pasado

- **Did they sing four songs at the party?**
  (¿did dei sín fór sóngs at de pári?)
  ¿Cantaron ellos cuatro canciones en la fiesta?

- **Yes, they sang four songs**
  (ies, dey sán fór sóngs)
  Sí, ellos cantaron cuatro canciones

- **Did we drink too much brandy?**
  (¿did güí drínk tu móch brándy?)
  ¿Bebimos nosotros demasiado brandy?

- **Yes, you drank too much**
  (ies, iu drank tú móch)
  Sí, ustedes bebieron demasiado

- **They swan at the river**
  Ellos nadaron en el río
  (dei suan at de ríver)

Para indicar POSESION de *cosas* o *animales*.

- **The tail of the cat**
  La cola del gato
  (de teil of de hát)

- **The knot of the door**
  La perilla de la puerta
  (de nót of de dór)

- **The windows of the rest-room**
  Las ventanas del cuarto de descanso
  (de uindous of the rést rúm)

- **The peak of the bird**
  El pico del pájaro
  (de pík of de bérd)

Para indicar POSESION DE *Personas*.

- **Mary's house**
  La casa de María
  (méris jáus)

- **Peter's arm**
  El brazo de Pedro
  (píters árm)

- **My father's appartment**
  El departamento de mi papá
  (mai fáder apártment)

- **His son's girlfriend**
  La novia de su hijo (de él)
  (jis sóns gérlfren)

- **Her daughter's boyfriend**
  El novio de su hijo (de ella)
  (jer dóters bóifrén)

- **The man and the woman's hats**
  Los sombreros del hombre y
  de la mujer
  (de mán and de úmans játs)

Nota gramatical. Para indicar posesión de cosas o animales.
Se usa *OF*.

Para indicar posesión de personas se usa el apóstrofo al lado de
la persona poseedora: *Mary's house.*

SOME — ANY

- **We learn some new words every day**
  (güi lern som niu uérds évri dei)
  Nosotros aprendemos palabras nuevas cada día

- **He bought some stamps at the post office**
  (jí bót som stámps at de póust ófiss)
  El compró algunos timbres en la oficina de correos

- **They need some oranges**
  (déi níid som óranshés)
  Ellos necesitan algunas naranjas

- **I will need some warm clothes**
  (ái uíl níid som uárm clóuts)
  Yo necesitaré algunas ropas abrigadoras

- **We didn't learn any new words yesterday**
  (güi dídent lern éni níuu uérds iérsterdei)
  Nosotros no aprendimos ninguna palabra nueva ayer

- **He didn't buy any stamps**
  (ji dídent bái éni stámps)
  El no compró ningún timbre

- **They didn't need any oranges**
  (déi dídent níid éni óranshés)
  Ellos no necesitaron ninguna naranja

- **I will not need any warm clothes**
  (ái úil not níid éni uárm clóuts)
  Yo no necesitaré ninguna ropa abrigadora

- **I won't need any meat**
  (ái uónt níid éni míit)
  Yo no necesitaré nada de carne

Someone — Anyone

- **There is someone at the door**
  (der is sómguán at the dóor)
  Hay alguien en la puerta

- **I will need some new clothes**
  Necesitaré algo de ropa, nueva
  (ai uil níd sóm niu clóuzs)

54

GRADOS DEL ADJETIVO

Comparaciones de igualdad.

- **The apple pie is as sweet as the lemon pie**
  El pastel de manzana es tan dulce como el de limón
  (di ápl pai is as suit as de lémon pai)

- **This cup of coffe is as cold as yours**
  Esta taza de café está tan fría como la tuya
  (dís kop of kófi is as kóul as íurs)

- **My steak is as good as yours**
  Mi bistec está tan bueno como el tuyo
  (mai steik is as gúd as íurs)

Nota: Para indicar comparasión de igualdad: se usa la palabra
AS, antes y después del adjetivo. El adjetivo aparece en su forma
simple.

Ej.
As good as   as cold as   as good as.

Comparaciones de superioridad.

- **The apple pie is sweeter than the lemon pie**
  El pastel de manzana está mas dulce que el de limón
  (di ápl pai is súiter dan de lémon pai)

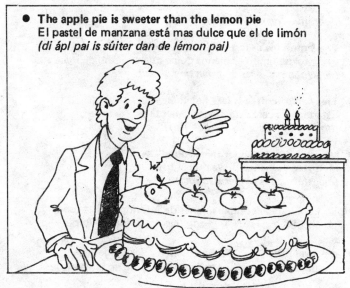

- **This cup of coffee is colder than yours**
  Esta taza de café está más fría que la tuya
  (dis kóp of kófi is kóulder dan íurs)

- **My steak is better than yours**
  Mi bistec está mejor que el tuyo
  (mai steik is béter dan íurs)

Comparaciones de superioridad.

Nota: Se usa el adjetivo añadiendole la terminación ER y la palabra *than.* Ej.

- sweeter than   colder than
  más dulce que   más frío que

Nota: En algunos casos tiene una forma especial el adjetivo, ej: better. (no se dice gooder).

Comparativos de inferioridad.

- **The lemon pie es less sweet than the apple pie**
  El pastel de limón es menos dulce que el pastel de manzana
  (de lemon pai is les suít dan de ápl pái)

- **This cup of coffee is lees hot than yours**
  Esta taza de café está menos caliente que la tuya
  (dis kóp of kófi is lés jót dan íurs)

- **My steak is less tender than yours**
  Mi bistec es menos suave que el tuyo
  (mai stéik is lés ténder dan iúrs)

Nota: Para indicar comparaciones de inferioridad, se usa la palabra LESS Y THAN, y el adjetivo en su forma simple. ej.:

- less sweet than   less hot than   les tender than
  menos dulce que   menos caliente que   menos suave que

- **Which is your bedroom?**
  (¿júich is iur bedrum?)
  ¿Cuál es tu recámara?

- **This is my bedroom**
  (dis is mai bédrum)
  Esta es mi recámara

- **Which is his office?**
  (¿júich is jis ófiss?)
  ¿Cuál es su oficina? (de él)

- **That is his office**
  (dat is jis ófiss)
  Esa es su oficina (de él)

- **Which is her soup?**
  (¿júich is jer sup?)
  ¿Cuál es su sopa (de ella)

- **This is her soup**
  (dis is jer sup)
  Esta es su sopa (de ella)

- **Which is your juice?**
  (¿júich is iur yúus?)
  ¿Cuál es tu jugo?

- **That is my juice**
  (dat is mái yúus)
  Ese es mi jugo

- **Which is their breakfast?**
  (¿júich is déir brékfast?)
  ¿Cuál es su desayuno? (de ellos)

- **This is their breakfast**
  (dis is déir brékfast)
  Este es su desayuno (de ellas)

- **Which is her favorite boy-friend?**
  ¿Cuál es su novio preferido?
  (juich is jer féivorit boi frén?)

57

- **Good morning**
  Buenos días
  (gúd mórnin)

- **Good afternoon**
  Buenas tardes
  (gúd áftérnún)

- **Good evening**
  Buenas tardes
  (gúd ívinin)

- **Good night**
  Buenas noches
  (gúd náit)

- **Good by**
  Adiós
  (gúdbai)

- **See you later**
  Hasta luego
  (sí iu léiter)

- **This is Mr Smith**
  Este es el señor Smith
  (dís is míster smiz)

- **Very well, thank you**
  Muy bien, gracias
  (véri uel zánquiu)

- **And you?**
  Y usted?
  (an iú?)

- **Fine**
  Bien, gracias
  (fáin)

- **Excuse me**
  I'm sorry
  Discúlpeme
  (éksquius mi)
  (áim sórri)

- **This is Miss Ana**
  Esta es la señorita Ana
  (dís is mís ana)

- **Glad to meet you**
  Encantado de conocerla
  (glád to mít iu)

- **How are you?**
  ¿Cómo está usted?
  (jáu ár iu?)

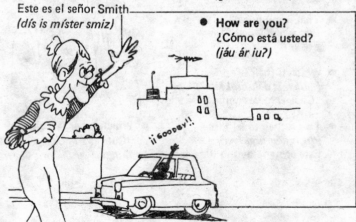

¡¡ GOODBY !!

CONJUGACION DE ALGUNOS VERBOS

SER O ESTAR	TO BE	TU BI
Presente	*Present*	*Présent*
Yo soy o estoy	I am	Ai am
Tú eres o estás	You are	Iú ar
El es o está	He is	Hi is
Ella es o está	She is	Shi is
Ello es o está	It is	It is
Nosotros somos o estamos	We are	Ui ar
Vosotros sois o estáis	You are	Iú ar
Usted, o ustedes, son o están	You are	Iú ar
Ellas, ellos, son o están	They are	dei ar
Pasado	*Past*	*Past*
Yo he sido o estado	I have been	Ai hav biin
Tú has sido o estado	You have been	Iú hav biin
El ha sido o estado	He has been	Hi has biin
Ella ha sido o estado	Seh has been	Shi has biin
Ello ha sido o estado	It has been	It has biin
Nosotros hemos sido	We have been	Ui hav biin
Vosotros habéis sido	You have been	Iú hav biin
Usted o ustedes, han sido	You have been	Iú hav biin
Ellos, ellas han sido	They have been	dei hav biin
Futuro	*Future*	*Flúcha*
Yo seré o estaré	I will be	Ai uil bi
Tú serás o estarás	You will be	Iú il bi
El será o estará	He will be	Hi uil bi
Ella será o estará	She will be	Shi uil bi
Nosotros seremos	We will be	Ui uil bi
Vosotros seréis	You will be	Iú uil bi
Usted, o ustedes, serán	You will be	Iú uil bi
Ellos, ellas, serán	They will be	dei uil bi
HABER O TENER	TO HAVE	TU HAV
Presente	*Present*	*Présent*
Yo he o tengo	I have	Ai hav
Tú has o tienes	You have	Iú hav
El ha o tiene	He has	Hi has
Ella ha o tiene	She has	Shi has
Ello ha o tiene	It has	It has
Nosotros hemos o tenemos	We have	Ui hav
Vosotros habéis o tenéis	You have	Iú hav
Usted, o ustedes han o tienen	You have	Iú hav
Ellos, ellas, han o tienen	They have	dei hav

59

CONVERSACION
CITIZENSHIP INFORMATION   (Información en las fronteras)

- What's your nationality?
  ¿Cuál es su nacionalidad?
  (juát is iur nashionáliti?)

- I'm mexican
  Yo soy mexicano
  (áim méksican)

- Where were you born?
  ¿Dónde nació?
  (juer uer iu bórn?)

- I was born in Mexico
  Nací en Méxicó
  (ai uas bórn in méksico)

- How old are you?
  ¿Qué edad tiene?
  (¿jáu óul ár iu?)

- I was born on July 25th 1940
  Nací el 25 de julio de 1940
  *(ai uas bórn on yulai tuenti faiv
  naintín fórti)*

- What's your address in the
  United States?
  ¿Cuál es su dirección en los
  Estados Unidos?
  *(¿juáts iur ádres ir de
  iunáitet stéits?)*

- Are you single?
  ¿Es soltero?
  (¿ár iu síngl?)

- Are you married?
  ¿Está casado?
  (¿ár iu mérrid?)

USO DEL APELLIDO

En E.U. se usa sólo el apellido paterno. Ejemplo:
José Sánchez Pérez, sólo se usa: José Sánchez.
Las mujeres usan sólo el apellido del marido.
Ejemplo: Elena Pérez de Aguilar. Elena Aguilar.

- I'm a widow
  Soy viudo
  (áim úidou)

- Are you alone?
  ¿Viene solo?
  (¿ár iu alóun?)

- No, I'm with my wife
  and children
  No, estoy con mi esposa e hijos
  *(nou, aím wíz mai uáif
  an chíldren)*

- How many are you?
  ¿Cuántos son ustedes?
  (¿jáu méni ár iu?)

- There are six of us
  Somos seis
  (dér ar síks óf ós)

- Do you have your passport?
  ¿Tiene su pasaporte?
  (¿du iu jáv iur pásport?)

- Here is my permit
  Aquí está mi permiso
  (jíer is maí permít)

- Here is my tourist card
  Aquí está mi tarjeta de turista
  (jiér is mai túrist kárd)

- Where is your health certificate?
  ¿Dónde está su certificado de salud?
  (¿juér is iur gelz sertífikeit?)

- Here are all my documents
  Aquí están todos mis documentos
  (jíer ar ol mái dókiuments)

- Do I need something else?
  ¿Necesito algo más?
  (¿du ai níid sómzin éls?)

- Do you want to become an
  American citizen?
  ¿Quiere la ciudadanía americana?
  (¿Convertirse en americano?)
  *(¿du iu uánt tu bikóm an
  american sítisen?)*

- Can you speak, read, and write
  English?
  ¿Puede hablar, leer y escribir
  en Inglés?
  *(¿kan iu spík, rid, an rait
  Inglish?)*

- Have you ever been arrested?
  ¿Alguna vez lo han arrestado?
  (¿jáv iu éver bin arrésted?)

- No, I haven't
  No, no he estado
  (nou, ai jávent)

CONVERSACION
GETTING A JOB (Consiguiendo empleo)

- What jobs have you held?
  ¿Qué trabajos ha tenido?
  (¿júat yobs jáv iu jéld?)

- What was the reason for leaving?
  ¿Por qué se salió?
  (¿júat uas de ríson for lívin?)

- What salary did you receive?
  ¿Qué salrio tenía?
  (¿júat sálari did íu recív?)

- What did you do?
  ¿Qué hacía?
  (¿júat did iu dú?)

- What were your job duties?
  ¿Cuáles eran sus trabajos, sus
  obligaciones?
  (¿júat uer iur yob diutis?)

- Do you have military service?
  ¿Tiene servicio militar?
  (¿du iu jáv milítari sérvis?)

- Do you have references?
  ¿Tiene referencias?
  (¿du iu jáv réfrénses?)

- I would like a job as bricklayer
  Yo quisiera un trabajo de albañil
  (ai uud laik a yob as bríkleier)

- I have worked as a gardener
  He trabajado como jardinero
  (ai jav uórk as a gárdener)

LA NOTICIA

LIVING ARRENGEMENTS   (Buscando dónde vivir)

- I'm looking for an apartment
Estoy buscando un departamento
(aím lúkin for an apártment)

- I'm looking for a furnished apartment
Estoy buscando un departamento
amueblado
(aim lukin for a fórnish apártment)

- I'm looking for a place to live
Busco dónde vivir
(aím lúkin for a pléis tu lív)

- We're looking for a place to live
Buscamos dónde vivir
(aím lúkin for a pleis tu lív)

- We're looking for a place to sleep
Estamos buscando dónde dormir
(uir lúkin for a pleis tu slíp)

- Are there rooms for rent?
¿Hay cuartos en renta?
(¿ar der rúms for rént?)

- My present place is too small
Donde vivo ahora es muy chico
(mai présent pléis is tú smol)

- I have to move
  Tengo que mudarme
  (ai jáve tu múv)

- Are meals included?
  ¿Están incluidas las comidas?
  (¿ar míls ínklúded?)

- How much does it cost?
  ¿Cuánto cuesta?
  (¿jau móch dos ít kóst?)

- Do you have something cheaper?
  ¿Tiene algo más barato?
  (¿du iu jáv somzin chíper?)

- How much is the room without meals?
  ¿Cuánto cuesta el cuarto sin comida?
  (¿jau móch is de rúm vizáut míls?)

- Here is your key
  Aquí esta su llave
  (jíer is iur kí)

- Please send us a blanquet, soaps and towels
  Por favor mándenos una manta, jábon y toallas
  (plís sén os a blánket, sóup an távels)

- Where is the bathroom?
  ¿Dónde está el baño?
  (juér is de bázrum?)

- Where are the outlets?
  ¿Dónde están los enchufes?
  (¿juér ar de autlets?)

- **Are you hungry?**
  ¿Tienes hambre?
  (¿ar iu jóngri?)

- **No, I'm thirsty**
  No, tengo sed
  (nou áim zérti)

- **Where's a place to eat?**
  **¿Dónde hay algún lugar
  para comer?**
  (¿juér is a pléis tu ít?)

- **There's a little restaurant two
  bloks from here**
  **Hay un pequeño restaurant
  a dos cuadras de aquí**
  *(dérs a litl réstorant tu
  bloks from jíer)*

- **What's for lunch?**
  ¿Qué hay de comer?
  (juáts for lónch?)

- **I'd like to see the menu**
  Me gustaría ver el menú
  (aid láik tu si de méniu)

- **Bring us the steack**
  Tráiganos el bisteck
  (brin ós de stéik)

- **Bring us the menu**
  Tráiganos el menú
  (bring ós de stéik)

- **How will you like the steak?**
  ¿Cómo va a querer el bistec?
  (¿jáu uil iu láik de stéik?)

- **I want it rare**
  Lo quiero 3/4 (poco cocido)
  (ai uant it rér)

- **I want it medium**
  Lo quiero término medio
  (ai uant it mídium)

- **Bring it well done**
  Tráigalo bien cocido
  (brin it úel dón)

- **What vegetables do you have?**
  ¿Qué vegetales tiene?
  (¿juát véyetabls du iu jáv?)

65

- I'd rather have rice
  Mejor quiero arroz
  (ai ráder jáve ráis)

- What's there for dessert?
  ¿Qué hay de postre?
  (¿juáts der for désert?)

- Please bring me the oil and vinegar
  Tráigame por favor el aceite y el vinagre
  (plís bríng mi de oil an vínegar)

- Bring us salt and pepper
  Tráiganos sal y pimienta
  (bring os sólt and péper)

- Bring some bread and butter, and the sugar
  Traiga algo de pan y mantequilla y el azúcar
  (bring sóm bred an búter and de shúgar)

- Bring us a knife and a fork, please
  Tráiganos un cuchillo y tenedor, por favor
  (bríng ós a náif an a fork, plís)

- Bring a spoon, a glass, a napkin and another
  plate
  Traiga una cuchara, un vaso, una servilleta, y
  otro plato
  (bríng a spún, a glas, a nápkin, and anoder pléit)

- I'd like an orange juice
  Me gustaría un jugo de naranja
  (aid laik an óranch yús)

- Will you please bring toast and butter
  Quiere traer por favor, tostadas y
  mantequilla
  (uil iu plís bring tóust an bóter)

- This plate isn't clean
  Este plato no está limpio
  (dis pléit isnt klín)

- This is too sweet, and that's sour
  Esto está muy dulce y eso muy amargo
  (dis is tú súit and dáts sáur)

- I didn't order this
  Yo no ordené esto
  (ai dídnt órder dís)

- **I want to change my order**
  Quiero cambiar mi orden
  (ai uánt tu chéinch mai órder)

- **Bring us another portion of potatoes**
  Tráiganos otra porción de papas
  (bríng ós anoder pórshion of potéitos)

- **Bring the coffee now**
  Traiga el café
  (bring de kofi náu)

- **The check please**
  La cuenta, por favor
  (de chék, plís)

- **This is for you**
  Es para usted
  (dis is for íu)

- The post office, please
  La oficina de correos por favor
  (De póust ofis, plís)

- Where's the nearest post office?
  ¿Dónde está la oficina de
  correos más cercana?
  (Juérs de niérest póust ófis?)

- Where's the mailbox?
  ¿Dónde está el buzón?
  (Juérs de meílboks?)

- What's the regular postage
  to México City?
  ¿Cuál es el franqueo a la
  ciudad de México?
  *(Juáts de régular póstash
  tu méksikou síti)*

- What's the postage for a
  register letter?
  ¿Cuál es el franqueo para
  una carta registrada?
  *(Juáts de póstash for a
  réyister léter?)*

- And the air mail postage?
  ¿Y el franqueo para el
  corrego aereo?
  (And de éir méil póstash?)

- What time does the post office
  open? (close?)
  ¿A que hora abre (cierra) la
  oficina, de correos?
  *(Júat taim dós de poúst ófis ópen
  (klóus)?)*

- I want some stamps please
  Quiero algunos timbres por favor
  (Ai uánt som stámps plís)

- Where's the telegram office?
  ¿Dónde está la oficina de
  telégrafos?
  (Juérs de télegram ófis?)

- How much is it per word?
  ¿Cuánto cuesta cada palabra?
  (Jau móch is it per uérd?)

- **I want to send this parcel by post**
  Quiero enviar este paquete postal por correo
  (Ai uánt to sénd dis pársel bái póust)

- **Give me ten, eighteen cents stamps**
  Dame diez timbres de dieciocho centavos
  (Gív mi tén eitín sents stámps)

- **What documents do I need to collect a pakage?**
  ¿Qué documentos necesito para recoger un paquete?
  (Juát dókiuments du ai níd tu kolékt a pákeich?)

- **Your passport will be enough**
  Tu pasaporte será suficiente
  (Yúr pásaport uíl be enóz)

- **I need stamps and envelops**
  Necesito timbres y sobres
  (Ai níd stamps and énvelops)

- **Go to that window**
  Vaya a esa ventanilla
  (Góu tu dát uíndou)

- **I want to send a telegram. May I have a form?**
  Quiero mandar un telegrama.
  ¿Me dá una forma?
  (Ai uánt tu sénd a télegram. Mei ái jáv a fórm?)

- **I'd like to send it collect**
  Quiero mandarlo por cobrar
  (Aíd laik tu sénd it kolékt)

- **I'd like to send a night letter**
  Quiero mandar una carta nocturna
  (Ai uánt tu sénd a nait léter)

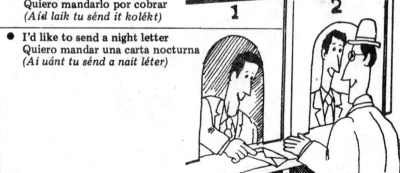

POSTAL 1 POSTAL 2

- Do you know where's a
  good hotel?
  ¿Sabes dónde queda un
  buen hotel?
  *(Du yú nou juérs a gud
  jóutel?)*

- Is it very expensive?
  ¿Es éste muy caro?
  (Is it véry ekspensir?)

- My name is. . .
  Mi nombres es. . .
  (Mái néim is. . .)

- I don't have a reservation
  No tengo reservación
  (Ai dónt jav a reservéishon)

- We have reserved a doble room
  Hemos reservado un cuarto
  doble
  (Ui jáv risérv a dóbl rúum)

- I need a single room
  Necesito una habitación sencilla
  (Ai níd a singl rúum)

- We have booked a room
  Hemos reservado una habitación
  (Ui jáv bókt a rúum)

- Do you have any room free?
  ¿Tienees alguna habitación
  desocupada?
  (Du yú jáv eni rúum frí?)

- I want a doble room with
  bath and shower
  Quiero una habitación doble con
  baño y regadera
  *(Ai uánt a dobl rúum uiz baz, and
  sháuer)*

- We have one near the stairs
  Tenemos una cerca de las escaleras
  (U1 jáv uan níer de sters)

70

- **How long will you be staying?**
  ¿Cuánto tiempo se quedarán?
  (Jau lóng uil yu bi stéing?)

- **I'll be hear until Saturday**
  Estaré aquí hasta el sábado
  (Aíl be jíer óntil Saturdei)

- **We'd like to see the room**
  Queremos ver la habitación
  (Uíd laík tu sí de rúum)

- **On what floor is it?**
  ¿En que piso está?
  (On júat flor is ít?)

- **Do you like just the room without meals?**
  ¿Le gustaría solo la habitación sin alimentos?
  (Du yu láik yóst de rúum uizout míls?)

- **Do you have something better?**
  ¿Tiene algo mejor?
  (Dú iu jáv sómzing béter?)

- **Do you have something cheaper?**
  ¿Tiene algo más barato?
  (Dú yu jáv sómzing chíper?)

- **Are meals included?**
  ¿Están incluhídos los alimentos?
  (Ar míls inclúd?)

- **Is breakfast included?**
  ¿Está incluhído el desayuno?
  (Is brékfast inclúd?)

- **May I see the room?**
  ¿Puedo ver la habitación?
  (Mei aí si de rúum?)

- **It's too noisy**
  Hay mucho ruido
  (Its tú nóisi)

- **Do you like this one?**
  ¿Le gusta este?
  (Du yú laik dís uán?)

- **How much is the room without meals?**
  ¿Cuánto cuesta la habitación sin alimentos?
  (Jáu moch is de rúum uizáut míls?)

- **My key, please**
  Mi llave por favor
  (Mai kí plís)

- **What's your room number?**
  ¿Cuál es su número de cuarto?
  (Juáts yur rúum nómber?)

- **Send up my luggage please**
  Mande mi equipaje por favor
  (Send óp mai lógash plís)

- **Please send us a blanket, soap and towels**
  Mándenos por favor una cobija, jabón y toallas
  (Plís send ós a blanquet, sóup and táuels)

- **I wrote you last month**
  Le escribí el mes pasado
  (Ai róut yu lást monz)

- **Here's the confirmatión**
  Aquí está la confirmación
  (Jíers de confirméishon)

- **Do you have air conditioning?**
  ¿Tiene aire acondicionado?
  (Du yú jav eir condíshoner?)

- **Do you have laundry service?**
  ¿Tiene servicio de lavandería?
  (Du yú jáv lóndri sérvis?)

- **Do you have room service?**
  ¿Tiene servicio a las habitaciones?
  (Dú yu jáv rúum servis?)

- May I help you?
  ¿Puedo servirle en algo?
  (Me ai jélp iú?)

- On what floor is the ladies
  departament?
  ¿En que piso se encuentra
  el departamento de señoras?
  *(On juát flór is de léidis
  depártment?)*

- I need a pair of black shoes
  Necesito un par de zapatos
  negros
  (Ai níd a péir of blák shús)

- What size do you wear?
  ¿Qué talla usa?
  (Juát sáis dú iu uér?)

- I wear size number five
  Yo uso la talla número cinco
  (Ai uér sáis nómber fáiv)

- I want hig-heels shoes
  Quiero zapatos de suela dura
  (Ai uánt jáig-jíls shús)

- She wants low-heels slippers
  Ella quiere pantunflas de
  suela blanda
  (Shí úants lóu-jíls slípers)

- I want a blue sweater
  Quiero un sueter azúl
  (Ai uánt a blú suéter)

- How does it fit you?
  ¿Cómo le queda?
  (Jáu dós it fít iú?)

- It fits me a little tight
  Me queda un poco apretado
  (It fíts a lítl záit)

- Let me try on a larger size
  Déjeme probarme una talla más grande
  (Lét mi trai ón a lárger sáis)

- Try it on, please
  Pruébeselo, por favor
  (*Trái it ón, plís*)

- I fits me a little loose
  Me queda un poco flojo
  (*It fíts mí a lítl lús*)

- I want to try on a smaller size
  Quiero probarme una talla
  más pequeña
  (*Ai uánt tu trái on a smóler
  sáis*)

- I think it fits me just fine
  Pienso que me queda perfecto
  (*Ai zínk it fíts mi ióst fáin*)

- This shoe fits me all right.
  Let me try the other one
  Este zapato me queda bien.
  Déjeme probarme el otro
  (*Dís shú fíts mi ól ráit. Lét
  mi trai dé óder uán*)

- Show me another style
  Enséñeme otro estilo
  (*Shóu mi anóder stáil*)

- I want high quality ladie'
  es underwear
  Quiero ver ropa interior
  de demas de la mejor calidad
  (*Ai uant jai kúaliti léidis
  ónderuer*)

- Show me different colors,
  please
  Enséñeme diferentes colores,
  por favor
  (*Shóu mi díferent kólors, plís*)

- Do you have a better quality?
  ¿Tiene una mejor calidad?
  (*Dú iu jáv a béter kúaliti?*)

- Is this the best quality
  you have?
  ¿Es esta la mejor calidad
  que tiene?
  (*Is dís de bést kúaliti iu jáv?*)

- I want some low priced sport shirts
  Quiero algunas camisas deportivas
  de bajo precio
  (*Ai uánt sóm lóu práis spórt shérts*)

- Do you have others at a lower price?
  ¿Tiene algunas otras de menor precio?
  Dú iu jav óders at a lóuer práis?)

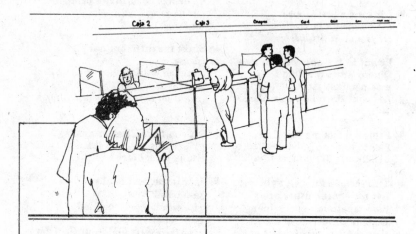

● I'd like to open an account
Quisiera abrir una cuenta
(Aíd láik tu óupen an akóunt)

♣ Can you charge a twenty
dollar bill?
Puede cambiarme un billete de
veinte dólares?
*(Kán iu chárch a tuenti
dólars bíl?)*

● Give me large bills, please
Deme billetes grandes, por favor
(Gív mí lársh bíls, plís)

● Let me have some small
change also
Deme también cambio
*(Lét mi jáv sóm smol
chéinch álso)*

● Where can I change my money?
¿Dónde puedo cambiar
mi dinero?
(Juér kán ai chéinch mai mónei?)

● Counter nomber
Número de cuenta
(Kóunter nómber)

● What is the rate for the peso?
¿A cómo toman el peso?
(Juáts de réit fór de peso?)

● Your documents, please
Sus documentos por favor
(Iur dókuments, plís)

● Sign here
Firme aquí
(Sáin jíer)

● Do you accept travelers checks?
¿Acepta cheques de viajero?
(Dú iu asépt trávelers chéks?)

● Personal checks
Cheques personales
(Pérsonal chéks)

● Is the check made out to you?
Está a nombre de usted este cheque?
(Is dé chek méid aut tú iu?)

- Please, take me to the hospital
  Lléveme por favor al hospital
  (plís teik mi tu de jóspital)

- Take us to the clinic, please
  Liévenos a la clínica, por favor
  (teik ós tu de klínik, plís)

- Where can I fin a good doctor?
  ¿Dónde puedo encontrar un
  buen doctor?
  *(¿juér kan ai fain a gud
  dóktor?)*

- I'm sick
  Estoy enfermo
  (áim sík)

- I'm bleeding
  Estoy sangrado
  (aím blíndin)

- I need first aid
  Necesito primeros auxilios
  (ai níd férst éid)

- I'd like a doctor that speaks
  Spanish, please

Quiero un doctor que hable
español, por favor
*(áid laik a doktor dat spíks
spanish, plís)*

- Do I have to make
  an appointment?
  ¿Tengo que hacer cita?
  *(¿du ai jáv tu méik an
  apóintment?)*

- He has a cold
  El tiene catarro
  (jí jas a kóuld)

- She has a stomache
  Ella tiene dolor de estómago
  (shí jas a stómak éik)

- We have a toothache
  Nos duele una muela
  (ui jáv a tuz-éik)

- They have a sore throat
  Les duele la garganta
  dei jáv a sor zróut)

- I have cough
  Tengo tos
  (ai jav kóf)

- She has a pain in her shoulder
  Ella tiene un dolor
  en su hombro
  (Shí jás a péin in jer shóulder)

- I feel a little nauseous
  Me siento un poco mareado
  (ai fil a litl noúshies)

- I have chills
  Tengo escalofríos
  (ai jáv chíls)

- She has fever
  Ella tiene fiebre
  (shí jás fíver)

- It's hard for me to breath
  Se me dificulta respirar
  (íts jár for mi tu briz)

- Please call the doctor
  Por favor, llamen al doctor
  (plís kol de dóktor)

- Wait here in the doctor's office
  Espere aquí en el consultorio
  del doctor
  (ueit jiér in de dóktors ófis)

- Lie down
  Acuéstese-Recuéstese
  (lai dáun)

- Open your mouth wide
  Abra bien la boca
  (óupen iur mauz úaid)

- Stick out your tongue
  Saque la lengua
  (Stík aut iur tóng)

- Do I have a fracture?
  ¿Tengo fractura?
  (¿du ai jáv a fráktur?)

- Does he have a bruise?
  ¿Tiene él una contusión?
  (¿dos ji jáv a brus?)

- Does she have a cut?
  ¿Tiene ella una cuchillada?
  (¿dos shí jáv a kót?)

- Do they have a burn?
  ¿Tienen ellos una quemada?
  (¿Du dei jáv a bérn?)

- How long have you had
  this pain?
  ¿Hace cuánto tiempo que
  tiene este dolor?
  (¿jau long jav iu jad dát péin?)

- What's the matter with me?
  ¿Qué es lo que me pasa?
  (¿juáts de máter uíd mi?)

- Do I have to go to the hospital?
  ¿Tengo que ir al hospital?
  (¿du ai jav tu gou tu de jóspital?)

- You have to stay in bed.
  You must rest
  Tiene que quedarse en la cama.
  Debe descansar
  (iu jáv tu stéi in béd. iu móst rést)

- Don't worry. It' nothing serious
  No se preocupe. No es nada serio
  (dónt uorri. íts nozin sírius)

- How often must I take
  this medicine?
  ¿Qué tan seguido tengo que
  tomar esta medicina?
  *(¿jau ófen moz ái téik dis
  médisin?)*

- One teaspoon every 3 hours
  Una cucharadita cada 3 horas
  (aun tíspun evri zri áurs)

- **My watch loses**
  Mi reloj se atrasa
  (Mai uách lúses)

● **Hour**	hora	*(auér)*
Second	segundo	*(sékond)*
Watch	reloj	*(uách)*
Clock	reloj de pared	*(klók)*
Noon	mediodía	*(nún)*
Afternoon	después del mediodía	*(áfternún)*
Minute	minuto	*(mínut)*
Midnight	media noche	*(mídnáit)*
Evening	tarde, primeras horas de la noche	*(ívining)*
Morning	mañana	*(mórning)*
Night	noche	*(náit)*

- What time is it?
  ¿Qué hora tiene?
  (juát taim is ít?)

- Its early
  Es temprano
  (It's érli)

- It's late
  Es tarde
  (It's léit)

LAS HORAS

- It is one o'clock
  Es la una
  (ít is uan ó klock)

- It's five o'clock
  Son las cinco en punto
  (íts fáiv ó klock)

- It's one thirty
  Son la una y media
  (its uan zérti)

- It's five thirty
  Son las cinco y media
  (íts fáiv zérti)

- It's one and a half
  Son la una y media
  (íts fáiv an a jalf)

- It's quarter past two
  Son las dos y cuarto
  (íts kuarter pást tu)

- It's twenty minutes past three
  Son las tres y veinte
  (íts tuénti mínuts past zrí)

- It's twenty minutes to five
  Son veinte para las cinco
  (íts tuénti mínuts tu fáiv)

- It's twenty minutes past four
  Son las cuatro y veinte minutos
  (íts tuénti m½nuts pást fór)

  It's late
  Es tarde
  (íts léit)

78

Hombre	man	(man)
Mujer	woman	(uúman)
Niños (as)	children	(chíldren)
Niño	boy	(boi)
Niña	girl	(gérl)
Niño (a)	child	(cháild)
Bebé	baby	(béibi)
Viejo (a)	old man, woman	(oúld man, uúman)
Joven	young	(ióng)
Anciano	elder	(elder)
Adulto	adult	(ádolt)

La cabeza	the head	*(de jed)*
Cabello	hair	*(jeer)*
Frente	forehead	*(fórged)*
Ceja	eyebrow	*(áibrau)*
Nariz	nose	*(nóus)*
Puente nasal	bridge	*(bridch)*
Fosa nasal	nostril	*(nóstrill)*
Sien	temple	*(templ)*
Ojo	eye	*(ái)*
Párpado superior	upper eyelid	*(óper áilid)*
Globo ocular	eyeball	*(áibol)*
Iris	iris	*(íiris)*
Pupila	pupil	*(piúp)*
Pestañas	eyelashes	*(áilashes)*
Párpado inferior	lower eyelid	*(lóuer áilid)*
Oreja	ear	*(íer)*
Lóbulo	earlobe	*(íerloub)*
Tímpano	eardrum	*(érdrom)*
Mejilla	cheek	*(chíik)*
Boca	mouth	*(máuz)*

Labios	lips	(líps)
Encías	gums	(góms)
Lengua	tongue	(tóng)
Velo del	soft	(sóft
paladar	palate	pálat)
Campanilla	uvula	(íuvula)
Dientes	tooth-Teeth	(tuz) (tíz)
Muela del	wisdom	(uísdom
juicio	tooth	tuz)
Molares	molars	(móulars)
Premolares	premolars	(primóulars)
Canino	canine	(kandín)
Incisivos	incisors	(insáizers)
Quijada	jaw	(yóu)
Barbilla	chin	(chin)
Nunca	nape	(néip)
Cuello	neck	(nék)
Garganta	throat	(zróut)
El tronco	the trunk	(de tronk)
Hombro	shoulder	(shóulder)
Tórax	chest	(chést)
Pecho, seno	breast	(brést)
Pezón, tetilla	nipple	(nípl)
Brazo	arm	(árm)
Axila	armpit	(ármpit)
Brazo	Upper arm	(óper arm)
Codo	Elbow	(élbou)
Muñeca	Wrist	(ríst)
Palma	Palm	(pqlm)
Monte de	Ball of the	(bol of de
Venus	thumb	zómb)
Pulgar	thumb	(zómb)
Uña	nail	(neil)
Puño	fist	(físt)
Dedos	fingers	(fínguers)
Yemas de	Finger	(fínguer
los dedos	tips	típs)
Nudillo	knuckle	(nókl)
Abdomen	abdomen, belly	(abdómen, bélli)
Cintura	waist	(ueist)
Estómago	stomach	(stómak)
Ombligo	navel	(néivl)
Costado	flank	(flánk)
Cadera	hip	(jíp)
Ingle	groin	(gróin)
Gluteos	buttocks	(bótoks)
Pierna	leg	(leg)
Muslo	thigh	(zaig)
Rodilla	knee	(nií)
Espinillas	shine bones	(sháin bóns)

Edificio de departamentos	Apartment building	*(apártment bílding)*
Edificio de oficinas	office building	*(ófis bílding)*
Supermercado	supermarket	*(súpermarket)*
Tienda de autoservicio	self service shop	*(self sérvis shop)*
Fábrica	factory	*(fáctori)*
Almacén	department store	*(depártment stor)*
Tienda de ropa	clothes shop	*(klouz shóp)*
Zapatería	shoe shop	*(shu shóp)*
Ferretería	hardware store	*(járduer stór)*
Tlapalería	paint shop	*(péint shóp)*
Armería	gunsmith's	*(gónsmizs)*
Herrería	forge	*(fórsh)*
Plomería	plumber's	*(plómbers)*
Taller	workshop	*(uérkshop)*
Farmacia	drugstore	*(drógstor)*
Joyería	jewelry shop	*(yuúlri shop)*
Frutería	fruit shop	*(frút shop)*
Verdulería	greengrocer's shop	*(gríingrousers shóp)*
Carnicería	butcher's shop	*(bútchers shop)*
Lechería	dairy store	*(déiri stor)*
Abarrotes	grocery store	*(gróuseri stor)*
Vinatería	wine shop	*(uáin shóp)*
Panadería	bakery	*(béikeri)*

Pastelería	pastry shop	(péistri shóp)
Pescadería	fishmonger's shop	(físhmonguers shóp)
Mercado	market	(márket)
Salón de belleza	hairdresser, beauty parlor	(jérdreser, biúti párlor)
Peluquería	barber shop	(bárber shóp)
Papelería	stationery shop	(stéishoneri shóp)
Librería	bookstore	(búkstor)
Biblioteca	library	(láibrari)
Florería	flower shop	(fláuer shop)
Taller mecánico	garage	(garásh)
Gasolinera	gas station	(gas stéishon)
Iglesia	church	(cherch)
Sinagoga	synagogue	(sínagog)
Templo	temple	(témpl)
Escuela	school	(skúul)
Universidad	university	(iunivérsiti)
Politécnico	polythecnic	(politéknik)
Hospital	hospital	(jóspital)
Hotel	hotel	(joutél)
Restaurant	restaurant	(réstorant)
Cafetería	cafeteria	(kafitíria)
Cine	cinema, movies	(sínema, múvis)
Teatro	theatre	(zíater)
Museo	museum	(miusíum)
Galería de arte	art galery	(árt gáleri)
Parque	park	(párk)
Jardín de juegos	playground	(pléigraund)
Acuario	aquarium	(akuériem)
Feria	fair	(fer)
Circo	circus	(sírkus)
Zoológico	zoo	(zúu)
Camión	bus	(bós)
Automóvil	car	(kar)
Taxi	taxi	(táxi)
Trolebus	trolley car, street car, trolley bus	(trólei kar, stríit kar, trólei bós)
Metro	subway, underground	(sóbuei, óndergraund)
Motocicleta	motorcycle	(mótorsaicl)
Bicicleta	bicycle	(báicicl)
Patineta	skateboard	(skéitbord)
Patínes	skates	(skéits)
Dentista	dentist	(déntist)
Doctor	doctor	(dóctor)
Casas	houses	(jáuses)

Pared	wall	*(vól)*
Techo	Roof	*(rúuf)*
Teja	tile	*(táil)*
Cielo raso	cieling	*(síiling)*
Ventana	window	*(uíndou)*
Marco de la ventana	window frame	*(uíndou freim)*
Dintel	lintel	*(líntel)*
Vidrio	window pane	*(uíndou pein)*
Balcón	balcony	*(bálkoni)*
Balcón corrido	gallery	*(gáleri)*
Terraza	terrace	*(térras)*
Porche	porch	*(pórch)*

Spanish	English	Pronunciation
Puerta	door	*(dór)*
Piso	floor	*(flór)*
Alero	projecting roof	*(proyéctin ruuf)*
Picaporte		
Picaporte	doorknob	*(dórnob)*
Cerradura	lock	*(lók)*
Chimenea	hearth	*(jarz)*
(hogar)		
Pasillo	corridor	*(kórridor)*
Lámpara	lamp	*(lamp)*
Enchufe	contact	*(kóntákt)*
Enchufe	socket	*(sóket)*
Teléfono	telephone	*(télefoun)*
Alfombra	carpet	*(kárpet)*
Alfombrado de	wall to wall	*(uol tu uol*
pared a pared	carpeting	*kárpeting)*
Tapete	rug	*(róg)*
Cortinas	curtains	*(kértns)*
Cuadros	paintings	*(péintings)*
Retratos	pictures	*(píctchers)*
Fotografías	photographs	*(fóutografs)*
Reloj de pared	wal clock	*(uol klók)*
Apagadores	switches	*(suítchs)*
Llaves	keys	*(kíis)*
Timbre	doorbell	*(dórbel)*
Campana	bell	*(bel)*
Reja	railing	*(réiling)*
Llave de agua	faucet	*(fóset)*
Antena	T.V. antena, aerial	*(tivi anténa, aírial)*
Antena parabólica	parabolic antenna	*(parabólik anténa)*
Barda	fence	*(féns)*
Zaguan	portico	*(pórtiko)*
Florero	flower vase	*(fláuer veis)*
Marcos	frames	*(freims)*
Los cuartos	the rooms	*(de ruums)*

Carros	motor-cars	(mótor kirs)
Herramientas	tools	(tuuls)
Gato hidráulico	hydraulic lifting jack	(jáidraulik líftin yak)
Afinación	motor tuning	(mótr-tiunin)
Cambio de frenos	brake change	(bréik cheinch)
Rectificación de frenos	brake rectification	(breik rektifikéishon)
Alineación	tire alignment	(taier aláinment)
Balanceo	Tire balancing	(taier bálansin)
Hojalatería	tin work	(tin uerk)
Pintura	automotive paint	(otomotív péint)
Mecánica automotriz	automotive mechanics	(otomotiv mekániks)
Electromotriz	electromotive	(elektromotív)
Cambio de aceite	oil change	(óil cheinch)
Batería	battery	(báteri)
Electrolito	electrolyte	(elektroláit)

Radiador picado	Punctured radiator	(ponksherd radiéitr)
Líquido de frenos	Antifreezer, antifreezing liquid	(antaifríizer, antaifríizing líkuid)
Caja de cambios	Gear box	(gíer bohs)
Cambio automático	Automatic transmission	(otomátik transmíshon)
Cambio de velocidades	gear shift	(síer shift)
Soldadura autógena	autogenous welding	(otódllenus uerlding)

- family *(fámili)* familia
- father *(fáder)* padre
- mother *(móder)* mamá
- parents *(párents)* padres
- mummy *(mómi)* mamá
- daddy *(dádi)* papá
- sister *(síster)* hermana
- brother *(bróder)* hermano
- son *(son)* hijo
- daughter *(dóter)* hija
- children *(chíldren)* hijos

- wife *(uáif)* esposa
- husband *(jósband)* esposo
- uncle *(óncol)* tío
- aunt *(áant)* tía
- cousin *(kósin)* primo (a)
- niece *(níís)* sobrina
- nephew *(néfiu)* sobrino
- grandfather *(granfáder)* abuelo
- relatives *(rélativs)* parientes
- parents *(párents)* padres

- grandmother *(granmóder)* abuela
- grandparents *(granpárents)* abuelos
- father-in-law *(fáder in lóu)* suegro
- mother-in-law *(móder in lóu)* suegra
- brother-in-law *(bróder in lóu)* cuñado
- sister-in-law *(síster in lóu)* cuñado
- son-in-law *(son in lóu)* yerno
- daughter-in-law *(dóter in lóu)* nuera
- stepfather *(stépfáder)* padrasto
- stepmother *(stépmóder)* madrastra

- el sombrero — the hat *(de ját)*
- los anteojos — the glasses *(de gláses)*
- la camisa — the shirt *(de shert)*
- la corbata — the tie *(de tái)*
- la bufanda — the scarf *(de skárf)*
- la chaqueta — the jacket *(de iáket)*
- el suéter — the sweater *(de suéder)*
- el abrigo — the coat *(de kóut)*
- los pantalones— the trousers *(de tráusers)*
- los pantalones vaqueros o de mezclilla — the jeans *(de yíns)*
- los calzoncillos — the undershorts *(de óndershórts)*
- los calcetines — the socks *(de sóks)*
- los zapatos — the shoes *(de shús)*
- las botas — the boots *(de búuts)*

FOR WOMEN (Para Mujeres)

- la peluca — the wig *(de úig)*
- la blusa — the blouse *(de bláus)*
- el brasier — the bra *(de brá)*
- la falda — the skirt *(de skért)*
- los calzones — the panties *(de pántis)*
- la pantimedia — the panties-hose *(de pánti jos)*
- el vestido — the dress *(de drés)*
- zapatos de tacones altos — high-shoes *(jái shúss)*
- la sudadera — T shirt *(ti shért)*

1 one *(guán)*	28 twenty eight *(tuénti éit)*
2 two *(tú)*	29 twenty nine *(tuénti náin)*
3 three *(zrí)*	30 thirty *(zérti)*
4 four *(fóur)*	40 forty *(fóri)*
5 five *(fáiv)*	50 fifty *(fífti)*
6 six *(síks)*	60 sixty *(síksti)*
7 seven *(séven)*	70 seventy *(séventi)*
8 eight *(éit)*	80 eighty *(éiti)*
9 nine *(náin)*	90 ninety *(naínti)*
10 ten *(tén)*	100 one hundred *(guán jóndred)*
11 eleven *(iléven)*	101 one hundred one
12 twelve *(tuélf)*	*(guán jóndred guán)*
13 thirteen *(zertín)*	102 one hundred two
14 fourteen *(fóurtín)*	*(guán jóndred tú)*
15 fifteen *(fiftín)*	103 one hundred three
16 sixteen *(síkstin)*	*(guán jóndred zrí)*
17 seventeen *(seventín)*	104 one hundred four
18 eighteen *(éittín)*	*(guán jóndred fóur)*
19 nineteen *(náintín)*	105 one hundred five
20 twenty *(tuénti)*	*(guán jóndred fáiv)*
21 twenty one *(tuénti guán)*	106 one hundred six
22 twenty two *(tuénti tú)*	*(guán jóndred síks)*
23 twenty three *(tuénti zri)*	107 one hundred seven
23 twenty three *(tuénti tri)*	*(guán jóndred séven)*
24 twenty four *(tuénti fóur)*	108 one hundred eight
25 twenty five *(tuénti fáiv)*	*(guán jóndred éit)*
26 twenty six *(tuénti síks)*	109 one hundred nine
27 twenty seven *(tuénti séven)*	*(guán jóndred náin)*

110   one hundred ten *(guán jóndred tén)*
123   one hondred twenty three *(guán jóndred tuénti zrí)*
144   one hundred forty four *(guán jóndred fóri fóur)*
167   one hundred sixty seven *(guán jóndred síksti séven)*
189   one hundred eight nine *(guán jóndred éiti náin)*
200   two hundred *(tú jóndred)*
300   three hundred *(zrí jóndred)*
400   four hundred *(fóur jóndred)*
500   five hundred *(fáiv jóndred)*
600   six hundred *(siks jóndred)*
700   seven hundred *(séven jóndred)*
800   eight hundred *(éit jóndred)*
900   nine hundred *(náin jóndred)*
1000   one thousand *(guán záusen)*
1021   one thousand twenty one *(guán záusen tuéni guán)*
1342   one thousand three hundred forty two *(guán záusen zrí jóndred fóri tu)*
1597   one thousand five hundred ninety seven *(guán záusen fáiv jóndred náinti séven)*
1643   one thousand six hundred forty three *(guán záusen síks jóndred fóri zrí)*
1902   one thousand nine hundred two *(guán záusen náin jóndred tú)*
1004   one thousand four *(guán záusen fóur)*
2000   two thousand *(tú záusen)*
3000   three thousand *(zrí záusen)*
4000   four thousand *(fóur záusen)*
5000   five thousand *(fáiv záusen)*
6000   six thousand *(síks záusen)*
7000   seven thousand *(séven záusen)*
8000   eight thousand *(éit záusen)*
9000   nine thousand *(naín záusen)*
10000   ten thousand *(ten záusen)*
20000   twenty thousand *(tuénti záusen)*
1 000 000   million *(guán mílion)*

INDICE

OTROS TÍTULOS DE LA COLECCIÓN

☞ **ADELGACE COMIENDO**
☞ **APRENDA INGLÉS SIN MAESTRO**
☞ **BELLEZA EN 30 DÍAS PARA ELLA Y PARA ÉL**
☞ **COCINA MEXICANA**
☞ **CONQUISTA UNA PAREJA SENSACIONAL**
☞ **EL AMOR EN LAS SOLTERAS, CASADAS Y DIVORCIADAS**
☞ **FRUTAS Y VERDURAS**
☞ **HAGA USTED MISMA SU ROPA**
☞ **KARATE Y AUTODEFENSA**
☞ **LOS MEJORES COCTELES**
☞ **MANUAL DE PRIMEROS AUXILIOS**
☞ **NO COMETA MÁS ERRORES DE ORTOGRAFÍA**
☞ **POESÍAS DE MÉXICO Y EL MUNDO**
☞ **POSTRES QUE LO HARÁN FELIZ**
☞ **RECETAS QUE SÍ FUNCIONAN DE MAGIA BLANCA Y MAGIA NEGRA**
☞ **REPARACIONES CASERAS 1**
☞ **REPARACIONES CASERAS 2**
☞ **SALUD POR LAS PLANTAS MEDICINALES**
☞ **TU BEBÉ**
☞ **TU BELLEZA**
☞ **TUS HIJOS DE 1 A 12 AÑOS**
☞ **TU NUEVO "LOOK"**
☞ **TU MAQUILLAJE**
☞ **TU ROPA**
☞ **TUS TAREAS DE ESPAÑOL**
☞ **TUS TRUCOS DE MAGIA**